飞起来

开启互联网转型之路

胡世良 ◎ 著

上海财经大学出版社

图书在版编目(CIP)数据

飞起来：开启互联网转型之路/胡世良著 －上海：上海财经大学出版社，2016.11
(FX168·新引擎丛书)

ISBN 978-7-5642-2510-0/F·2510

Ⅰ.①飞… Ⅱ.①胡… Ⅲ.①互联网络－应用－企业管理－研究 Ⅳ.①F270.7

中国版本图书馆CIP数据核字(2016)第173273号

丛书策划：李志浩　朱静怡
责任编辑：施春杰
书籍设计：张克瑶

FEIQILAI
飞起来
开启互联网转型之路

作　　者：胡世良◎著
出版发行：上海财经大学出版社有限公司
地　　址：上海市武东路321号乙（邮编 200434）
网　　址：http://www.sufep.com
电子邮箱：webmaster@sufep.com
经　　销：全国新华书店
印刷装订：上海华业装潢印刷厂印刷装订
开　　本：890mm×1240mm　1/32
印　　张：8
字　　数：170千字
版　　次：2016年11月第1版
印　　次：2016年11月第1次印刷
定　　价：39.00元

编辑委员会

主　　任　刘兰娟
执行主任　江　泰

编　　委　应望江　林　晖
　　　　　何精华　劳帼龄
　　　　　方　芳　胡　凌
　　　　　井然哲　刘　勇
　　　　　胡世良　李　辉

策　　划　李志浩　朱静怡

总序

自"互联网+"被首次写入政府工作报告后,人们对"互联网+"的认识进入了崭新时代。"互联网+"代表了一种新的经济形态,即充分发挥互联网在生产要素配置中的优化和集成作用,将互联网的创新成果深度融合于经济社会各领域之中,提供实体经济的创新力和生产力,形成更广泛的以互联网为基础设施和实现工具的经济发展新形态。"互联网+"行动计划将重点促进以云计算、物联网、大数据为代表的新一代信息技术与现代制造业、生产性服务业等的融合创新,发展壮大新兴业态,打造新的产业增长点,为大众创业、万众创新提供环境,为产业智能化提供支撑;增强新的经济发展动力,促进国民经济提质、增效、升级。

在过去的 30 年时间里,互联网已经深刻改变了中国经济的格局和产业版图。从第一个 10 年互联网更多应用于学术科研领域开始,到第二个 10 年互联网行业与传统行业和平共处,互联网催生了很多新经济,如门户网站、游戏和电商等,再到第三个 10 年,互联网开始逐步改变甚至颠覆很多传统行业。当前,以"互联网+"融合为杰出代表的"互联网＋"时代,将产生出更多新兴行业和新的机会。互联网与服务的结合、与大数据的结合、与IT新技术的结合,无不为我们展现着一个新时代。互联网最有价值之处,是对已有行业潜力的再次挖掘,用互联网思维去再创造。总之,互联网正渗透到社会生活的方方面面,推动着中国经济社会发展,人们正享受着互联网带来的各种便利。我们欣喜地看到,我国互联网行业仍保持高速增长态势,互联网已成为推动中国经济转型升级的重要引擎,对促进经济结构调整、转变经济发展方式、实施创新驱动战略、提高各行各业的全员劳动生产率发挥了关键作用。

由上海财经大学出版社和FX168财经集团策划,上海财经大学教授学者、中国电信上海研究院业内专家以及上海科学学研究所研究人员担纲编写的这套"FX168·新引擎丛书"第一辑,从传统企业的互联网转型,到互联网＋教育、互联网＋传媒、互联网＋政务、互联网＋法律、互联网＋社区电商,再到互联网＋房地产、互联网＋能源、互联网＋"三农"、互联网＋智能制造,既有对互联网转型的总体介绍,又有各行业分门别类的具体阐述,有理论、有实务、有案例,通俗易懂,是一套全方位介绍"互联网＋"的新经济普及读物。愿本套丛书能为希望搭上"互联网＋"快车的传统行业、机构部门提供启迪和参考,也能为企业管理人员、研究人员、广大读者了解互联网、拥抱互联网提供帮助。

江 泰

FX168财经集团董事长兼CEO

2016年10月

自序

互联网有一句很流行的话:风来了,猪都会飞起来。

但是,面临互联网风口,并不是所有的猪都会飞起来,这意味着并不是所有的企业转型都会成功。

互联网是20世纪最伟大的发明之一,经过20多年的发展,我国互联网尤其是移动互联网发展迅猛,已经融入社会生活各个领域,对人们的生产、生活、工作产生了深远的影响,对很多领域的创新发展起到了很强的带动作用。

伴随"互联网+"时代的来临,各种新产品、新模式、新公司、新技术不断涌现,互联网已成为创新驱动发展的先导力量,正深刻改变中国经济社会的发展生态。今天,谁不拥抱互联网,谁就将被时代抛弃。正因为互联网的强大力量,越来越多传统企业开启了互联网转型之路,旨在抓住互联网这一风口,乘势而上,促进企业持续健康地发展。

互联网是一个巨大的"风口",互联网发展给各行各业创新带来了难得的历史机遇。从"全面深化改革"到"'十三五'规划纲要",从

"创新驱动战略"到"大众创业、万众创新",从"'互联网+'行动计划"到"中国制造2025",从"深化国企改革"到"深化人才发展体制机制改革"……可以看出,除了互联网这一风口外,还有政策风口、经济转型发展风口、深化改革风口、"双创"风口,风口意味着巨大的机遇。对于任何企业和创新创业者来说,风口都是公平的。只有善于抓住机遇,找准市场切入点,顺势而为,企业才有站在风口飞起来的机会。错过机会,就等于错过一个时代。

企业转型发展必须要抓住"风口"带来的巨大机遇,深入实施创新驱动发展战略。2013年9月30日,中共中央政治局第九次集体学习,从"实施创新驱动发展战略"到"必须把创新摆在国家发展全局的核心位置",再到"十三五"规划建议提出"'创新、协调、绿色、开放、共享'的五大发展理念"、"创新是引领发展的第一动力",再到2016年5月发布《国家创新驱动发展战略纲要》……创新已成为推动经济发展、企业转型的重要力量。对于传统企业来说,创新不仅包括技术创新、产品创新,还包括商业模式创新、管理创新、机制体制创新和文化创新,只有切实推动以技术创新为核心的全面创新,寻找创新发展的突破口,企业转型才能取得成功。

2016年4月26日,苹果公司对外公布2016年第一季度财务业绩:2016年第一季度销售额为505.6亿美元,纯利润为105亿美元,销售额和纯利润分别较上年同期下降12.8%和22.8%。这是苹果从2003年第一季度起正式出售MP3播放器iPod以来的首次下滑。苹果业绩下滑最主要的原因是少了让人耳目一新的创新,再也无法推出像iPod、iPhone这种创新型的产品,苹果创新不再,失去乔布斯的苹果已渐显衰退迹象。再伟大的公司，一旦失去创新精神，也难以保持基业长青。市场永远属于矢志创新者，不创新则必死无疑，创新慢了也难以生存。

如今，传统企业面临的环境发生了深刻变化，"互联网＋"的浪潮对传统企业转型提出了更加严峻的挑战。在很长一段时间，基于互联网发展起来的以BAT为代表的互联网企业，让传统企业陷入"互联网焦虑症"，甚至很多企业互联网转型找不到有效办法，转型并不成功。造成这一结果的主要原因就是大多数企业还是固守传统的思维模式和方法，去应对一个新时代。它们只是将互联网作为工具，并没有真正把握互联网转型的本质和规律，传统模式与互联网模式没有深度融合。其实，互联网转型是企业再造的一项系统工程，它是企业生产、经营、管理、模式、观念的变革过程，哪一个环节出现问题都将影响转型的成败。

海尔、苏宁、红领集团、中国平安、荣昌洗衣都是我国传统企业互联网转型比较成功的公司。"企业平台化、员工客户化、客户个性化"、"自创业、自组织、自驱动"是海尔转型的重要体现；实现线上线下零售O2O模式则是苏宁成功转型的标志；红领集团从一个传统服装工厂，到一家数据驱动的大规模定制服装工厂，再到如今的C2M个性化定制平台，真正将红领集团打造成一家C2M的智能工厂；中国平安则以大力推进开放式互联网金融服务平台为重点实施互联网转型；作为一家传统洗衣行业的企业，荣昌洗衣则顺应移动互联网发展大势，以推出"e袋洗"产品为核心，深入推进O2O模式，做到按袋付费、微信预约、上门取送，深受市场欢迎，开出了传统企业互联网的

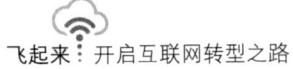

娇艳之花。这些传统企业率先进行互联网转型实践,取得了巨大成功,值得每一个正在推进互联网转型的企业学习和借鉴。

传统企业互联网转型要取得成功,必须找到适合自身企业特点的发展模式,切不可盲目跟风、形似神不似,其根本就是要坚持创新,以创新推动企业转型发展。"不创新,就灭亡"绝不是危言耸听。

互联网预言大师凯文·凯利曾说过:"不管你们是做哪个行业的,真正对你们构成最大威胁的对手一定不是现在行业内的对手,而是那些行业之外你看不到的竞争对手。"是的,如今新兴"独角兽"公司不断涌现,Uber、Airbnb、滴滴出行、小米、新美大、陆金所、大疆、众安保险、神州租车、魅族……新兴的成长性公司不断涌现。传统企业如果不变革、不能加快转型,很可能被"独角兽"公司以及未来的新兴公司所超越。

面临"互联网+"时代的到来,对于传统企业来说,要增强转型的危机感、紧迫感、机遇感,真正开启互联网转型之路,乘着"互联网+"的台风口,顺势而上,加快转型,企业转型发展之路才会越走越宽。

如今,企业生存发展的方式发生了根本性的变化,同时也为传统企业转型发展找到了有效路径。很显然,《飞起来》一书以创新为主线,从产品、市场、品牌、模式、跨界,到战略、创新、运营等主要方面,对企业如何转型进行了系统性的论述。对于传统企业来说,不仅要抓住新的机遇,更要面对新的挑战,从容应对。一方面,需要企业切实回归到产品上来,选准市场切入点,做精产品,做强新品牌,实现跨界经营,推进模式创新,积极开展资本经营;另一方面,需要传统企业顺应互联网大势,做好战略经营,遵循企业发展规律、互联网发展规律、创新规律和社会发展规律,全面实施创新驱动战略,提高企业创新运营能力,深入推进机制创新、文化创新和组织创新。

《飞起来》一书在写作过程中,查阅和参考了大量资料,在此向各位作者表示由衷的感谢。《飞起来》一书之所以能顺利出版,得到了上海财经大学出版社李志浩主任的大力支持和指导,在此对李主任表示感谢!此外,对上海财经大学出版社责任编辑施春杰老师的辛勤付出也表示由衷的感谢!

今天,时代在变,一切都在变化之中,唯有跟上时代、颠覆自己、勇于创新,才不会被时代所抛弃!传统企业互联网转型只有进行时,没有完成时,互联网转型正在路上!希望《飞起来》对正在转型的企业有所帮助和启迪。

目录

总　序 / 1

自　序 / 1

第一章　传统企业转型面临的新机遇 / 1

创新是引领发展的第一动力 / 2

互联网成为经济发展的重要驱动力 / 4

消费需求不断增长，新兴消费增长迅速 / 8

新业态、新模式、新公司不断涌现 / 9

从消费互联网转向产业互联网，产业互联网市场广阔 / 12

进入 IOT 时代，物联网市场更为诱人 / 15

国家出台政策带来的新机遇 / 18

第二章　传统企业转型面临的新挑战 / 27

面临经济"新常态"的挑战 / 28

互联网对传统企业的冲击 / 30

面临传统优势被趋势打败的风险 / 32

传统运营模式受到挑战 / 35

第三章 对互联网转型的认识 / 41

正确认识互联网经济的特征 / 42

传统行业要加速互联网转型 / 46

互联网转型的本质和特征 / 50

开启互联网转型之路 / 53

案例：苏宁向互联网零售转型实践 / 57

第四章 互联网转型基本要求 / 66

学习互联网公司的"怕死"精神 / 67

顺应互联网大势 / 70

遵循客观规律 / 74

用未来看现在 / 76

案例：哈默酒桶厂的成功 / 78

第五章 回归产品，打造精品 / 80

回归产品——企业成功的利器 / 81

透视产品同心圆 / 83

企业如何打造"爆品"？ / 87

回归产品的启示：回归商业本质 / 94

第六章　占领市场 / 97

成为垂直市场的"隐形冠军" / 99
案例：利基战略，让斯巴鲁重获新生 / 100
选准市场切入点 / 103
超越模仿的差异化创新 / 109
改变游戏规则 / 112

第七章　品牌引领 / 117

互联网品牌的"两家法则" / 118
成功的互联网品牌 / 120
要给产品起一个响亮的品牌名 / 122
实施多品牌策略，慎用品牌延伸 / 125
品牌经营之策 / 126

第八章　商业模式创新 / 130

商业模式的内涵 / 131
商业模式七要素模型 / 132
商业模式创新如何才算成功？ / 135
"互联网＋"时代的八大商业模式 / 139
案例：红领集团 C2M 模式 / 157
商业模式创新的四大思维 / 159
商业模式创新的四种方法 / 161

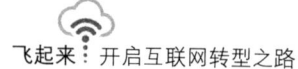
飞起来：开启互联网转型之路

第九章　推进跨界融合 / 165

跨界融合成为"互联网+"新常态 / 166
跨界融合的主要方式 / 169
跨界融合的主要策略 / 173
案例：阿里巴巴跨界融合，打造商业帝国 / 175
传统企业跨界融合之道 / 180

第十章　实行创新驱动战略 / 184

实施创新驱动战略的必然性 / 185
更加注重技术创新 / 189
打造创新创业平台 / 195
打造创新文化 / 202
组织模式的变革 / 211
案例：格力电器打造自主创新工程体系 / 214

第十一章　推进企业成功转型的四大要素 / 219

企业转型成功方程式的四要素模型 / 220
确保企业始终保持正确的方向 / 221
明确优先事项 / 223
用好用活人才 / 226
提升创新运营能力 / 232

第一章

传统企业转型面临的新机遇

著名电影演员刘晓庆有一句名言:"做女人,难;做名女人,更难;做单身名女人,难上加难。"对于企业来说,同样是"做企业,难;做优秀企业,更难;做永续经营的优秀企业,难上加难"。如今,企业经营发展环境发生了深刻变化,如原材料价格不断上涨、市场竞争愈加激烈、企业融资更加困难、内需不振、技术变化日新月异、互联网对传统行业的颠覆不断加快、产品生命周期越来越短等,企业的生存和发展环境更加严峻。

在"互联网+"时代,传统企业要成功转型,必须对企业面临的新机遇有着深刻的认识。本章从"创新"入手,重点分析和把握企业转型面临的行业发展新方向、增长方式新趋势、技术发展新特点以及国家出台新政策和改革新动向。中国经济发展到了十字路口,传统行业更是如此！唯有把握发展新机遇、新趋势，顺势而为，方能始终立于时代潮头！

创新是引领发展的第一动力

党的十八大提出，到 2020 年国内生产总值和城乡居民收入翻番。《中共中央关于制定国民经济和社会发展第十三个五年规划的建议》（以下简称《十三五规划建议》）指出："到 2020 年全面建成小康社会，是我们党确定的'两个一百年'奋斗目标的第一个百年奋斗目标。'十三五'时期是全面建成小康社会决胜阶段，'十三五'规划必须紧紧围绕实现这个奋斗目标来制定。""十二五"期间我国 GDP 平均增长 7.8%，根据测算，如果要实现"十三五"发展目标，未来 5 年（2016～2020 年）我国 GDP 年均增长率须达到 6.5% 以上。中国经济发展到现在这个体量——2015 年我国 GDP 达到 67.7 万亿元（全球第二，日本排名第三），较上年增长 6.9%，要每年再增长 6.5%，客观来说难度不小。

我国 GDP 在 1980 年仅相当于日本的 17.38%，通过 30 多年的发展已经超过日本一倍还多，成为全球第二大经济体。尤其是近 5 年，日本从旗鼓相当到不足我国 GDP 的 50%。为何出现此种景象？除我国经济高速增长外，同时期日本的发展出现了停滞，日本家电业集体衰退就是明证。究其原因很多，日本是一个以传统制造业和服务业为主的国度，客观来说缺少很强的创新能力，在经济发展的关键阶段，没有解决好经济发展新动能的问题。

所以,当一个国家GDP上升到一定规模后,不能寻找到新的增长点,不能成功转型升级,就很难获得新突破,再要取得高速发展更是天方夜谭!另外来看美国,则呈现出另一番景象。近几年来,除2009年出现负增长外,其余年份发展虽没有中国增长迅猛,总体来说还是不错的,而美国的发展核心来自其强大的创新能力和科技实力。"阿尔法狗"神奇地以4∶1大胜韩国棋手李世石九段,充分展示了Google的强大创新能力,更是体现了美国的创新实力在全球无人能撼动。

再回过头看我们国家,原先拉动经济发展的"三驾马车"——投资、消费与出口,投资和出口增速回落明显,消费在新增GDP中占比相对提高,对国民经济增长的贡献率达到66.4%,但这一情况表明未来稳增长的压力仍然较大。在低碳、环保发展理念下,"十三五"期间要实现每年6.5%以上的GDP增长,新动能在哪里?除原有手段外,核心增长点就在于"创新"。《十三五规划建议》提出:"必须牢固树立创新、协调、绿色、开放、共享的五大发展理念。"习近平总书记和李克强总理在国内外不同场合多次提到中国在"十三五"期间这10个字的五大发展新理念,在五大发展新理念中将"创新"放在首位。《十三五规划建议》也明确指出:"创新是引领发展的第一动力",这将决定:创新与变革将继续成为下一个5年(2016～2020年)的主旋律。

习近平总书记强调指出:"抓创新就是抓发展,谋创新就是谋未来。不创新就要落后,创新慢了也要落后。要激发调动全社会的创新激情,持续发力,加快形成以创新为主要引领和支撑的经济体系

和发展模式。"

创新必将引领各行各业对旧体制、旧技术、旧生产方式实现全方面变革。作为传统行业更是如此。中共中央十八届三中全会以来，国务院和相关部委密集出台了一系列改革政策，破除一切不利于科学发展的体制机制障碍，为经济发展提供持续动力。

当下，是唯创新者强、唯改革者胜的时代。只有切实推进以技术创新为核心的全面创新，才能让"第一动力"发挥效能，推动我国经济转型升级，推动企业转型发展取得新突破。

互联网成为经济发展的重要驱动力

我们正处在信息革命的根本性拐点，互联网全面、深入地影响了实体经济，并成为变革经济形态的根本力量。当今的这一场信息革命，使得线上与线下、虚拟与现实、互联网与传统经济之间的界限正在消失。互联网技术的发展促进跨界融合，将激发更多传统产业和更广传统领域焕发生机和活力。不管你愿不愿意，互联网都在改变着世界，而它散发出的独特魅力，已悄然成为推动经济发展的重要力量。

互联网这种强大的"魔力"，改变了人们的生活方式和消费习惯，人们的生活质量和模式都发生了翻天覆地的变化。一部互联网众筹拍摄的电影《爸爸去哪儿》获得了 7 亿元的票房；在余额宝上，网民出资 100 元钱就可以投资影视作品，其年收益率高达 7％；人们不仅能使用高速宽带上网"冲浪"，还能通过手机打车、购物、订票、订餐、美甲、理财,更实现了与政府部门在网络中的交流互动。一系列举世瞩目的成就表明,我国正在向建设网络强国战略目标奋勇前进。

互联网发展遵循梅特卡夫定律,即网络的价值和用户数的平方成正比。伴随国家在基础设施方面的巨大投入,特别是 3G、4G 建设的全面铺开,截至 2016 年 6 月,我国互联网网民数达 7.1 亿,手机网民规模达 6.56 亿,网民中使用手机的比例达到 92.5%,这为国内互联网应用发展提供了广阔的市场空间和巨大的市场价值,同时,为我国经济发展注入了强大的动力。在应用方面,阿里巴巴、腾讯、百度等本土企业不仅在电商、社交、搜索等主流应用领域占据绝对领先的市场地位,而且纷纷打造开放服务平台和生态体系,促进个人创业者和小微企业的创业创新活动,激发了大众创业、万众创新的活力。

互联网引爆了网络经济,拉动了信息消费的增长。据工信部相关测算表明,信息消费每增加 100 亿元,将带动 GDP 增长 338 亿元。近年来,我国信息消费保持较快的增长,2015 年我国信息消费整体市场规模达到 3.2 万亿元,同比增长 20%,信息消费带动了相关产业 1.2 万亿元的发展,对 GDP 贡献约 0.8 个百分点。"十二五"期间,中国互联网对经济增长的贡献率不断提升,位居全球前列。互联网经济在 GDP 中的占比持续攀升,2014 年达到 7%。互联网正成为国家经济发展的重要驱动力。

互联网对经济发展的驱动力还体现在:一方面,互联网在扩大内需方面发挥积极的促进作用。据国家统计局《2015 中国网购用

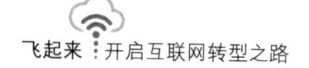

户调查报告》数据显示,22%的新增需求因网络购物产生。另一方面,表现在互联网与实体经济融合发展不断深化,利用互联网改造和提升传统产业,带动了传统产业结构调整和经济发展方式的转变;同时,互联网极大地降低了创业门槛和创新成本,有利于引领技术、资金、人才、数据等要素资源加速汇聚,激发全社会的创新创业浪潮。

伴随互联网经济的高速发展,中国互联网企业也突飞猛进,进入世界前列。中国互联网企业市值规模迅速扩大。互联网相关上市企业328家,市值规模达7.85万亿元。阿里巴巴、腾讯、百度、京东4家上市公司进入全球互联网公司10强。

互联网技术的发展与应用催生了一大批新兴产业,带动相关产业快速发展。"十二五"期间,中国智能手机累计出货量超过10亿部,销售规模超2万亿元。移动数据及互联网业务收入达到2 707.2亿元,年均增速达53.9%。互联网也促进了文化产业发展。近几年来,网络游戏、网络动漫、网络音乐、网络影视等产业迅速崛起,大大增强了中国文化产业的总体实力。网络视频、网络音乐、网络游戏等用户规模达4.81亿,同比增加1亿人,网络文化产业规模达1 500亿元,同比增长200%。自主研发网络游戏走出国门,收入达到200亿元,同比增长近10倍。

随着"中国制造2025"的大力推进,中国的工业设计研发信息化、生产装备数字化、生产过程智能化和经营管理网络化水平迅速提高。信息技术在加快自主创新和节能降耗、推动减排治污等方面的作用日益凸显,互联网已经成为中国发展低碳经济的新型战略性产业。

其实，互联网最有价值之处，不在于自己生产多少新东西，而是对已有行业潜力的再次挖掘、用互联网思维去再创造。互联网创造的价值体量是非常巨大的，如互联网与服务的结合、与大数据的结合、与IT新技术的结合，无不为我们展现着一个新的时代。走过了PC时代、网络时代，现在进入了以服务为中心的基于网络环境下的云计算时代，以数据挖掘利用为主要基础的大数据时代，以互联网＋融合为杰出代表的"互联网＋"时代，这将产生出更多新兴行业和新的机会。

阿里上市是中国互联网企业腾飞的新起点，"宽带中国"和移动通信"比翼齐飞"，必将带动宽带应用模式的创新，培育新市场、新业态，以云计算、大数据、物联网为代表的新一代信息技术产业将获得新的驱动力，电子商务、智能家居、现代物流、互联网金融、互联网教育等现代服务业进入高速发展期，中国互联网经济正乘风破浪、勇往直前。

互联网迎来了发展的新时代。在信息消费的拉动下，随着技术应用的创新、服务的创新、商业模式的创新，互联网将更深层次地影响经济社会发展，为我国经济结构的调整、产业转型升级提供新的机遇。互联网新经济也成为引领消费、扩大内需、提振经济的新引擎，这让未来充满遐想。

总之，在中国，互联网正渗透到社会生活的方方面面，推动着中国经济社会的发展，人们正享受着互联网带来的各种便利。我们欣喜地看到，我国互联网行业仍保持着高速增长的态势，互联网已成

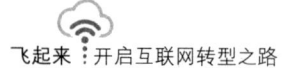

为推动中国经济转型升级的重要引擎,在促进经济结构调整、转变经济发展方式、实施创新驱动战略、提高各行各业的全员劳动生产率等方面发挥了关键作用。

消费需求不断增长,新兴消费增长迅速

近年来,我国社会消费品零售总额保持稳步增长(见图1－1)。由图1－1可以看出,2015年我国实现社会消费品零售总额30.1万亿元,居世界第二位,较上年增长10.7%。2015年消费对国民经济增长的贡献率达到66.4%,较上年提升15.4个百分点。随着O2O模式不断发展,网上零售成为消费增长的最大亮点,网络零售交易额规模跃居全球第一。2015年,我国网络购物用户规模达到3.61亿,网购在网民中的渗透率达到55.7%;2015年我国网上零售额达到38 773亿元,较上年增长33.3%,超过美国成为全球最大的网络零售市场。其中,实物商品网上零售额32 424亿元,增长31.6%,占社会消费品零售总额的比重为10.8%。2015年,阿里巴巴电商平台交易额突破3万亿元,同比增长27%。更为重要的是,随着互联网尤其是移动互联网的快速发展,带动互联网相关产品和服务快速增长,智能手机、可穿戴设备、数字电视以及各种内容服务等消费增长迅速。

互联网的迅猛发展催生了一个个性化需求时代,也催生了一个新的消费需求时代。当前,我国居民消费正在由生存型向发展型消费升级、由物质型向服务型消费升级、由传统消费向新型消费升级,

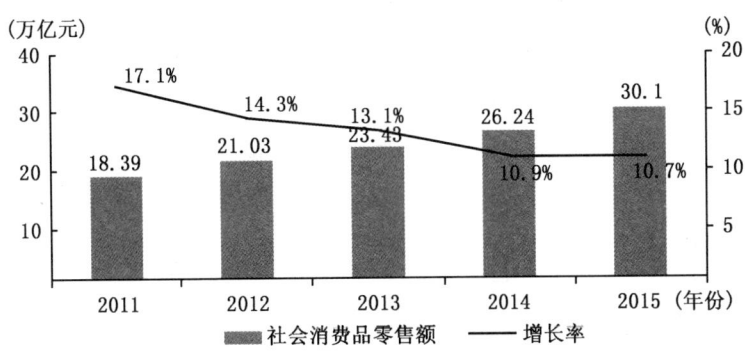

图1—1 近几年我国社会消费品零售额增长情况

并且这一升级的趋势发展越来越快。尤其是"互联网+"对促进消费升级作用越来越大。未来越来越多的行业将通过互联网改造消费体验,培养用户习惯。借助互联网,消费者能接触更丰富的商品种类,从而激发潜在消费需求,拉动整个消费增长。

新业态、新模式、新公司不断涌现

我国经济进入新常态后,随着物联网、云计算、大数据、移动互联网、人工智能、AR/VR等新一代信息技术的升级发展,互联网加速向各行业融合渗透,新业态、新模式、新公司不断涌现。

各种新业态层出不穷。"互联网+"代表的是一种新的经济形态,简单地说,就是让互联网与传统行业进行深度的融合,创造新的发展生态。"互联网+"是一个趋势,"互联网+"是一种潮流,加的是传统的各行各业。从互联网+产业新形态来看,有很多很多,如加媒体产生新媒体,加娱乐产生网络游戏,加零售产生电子商务,加金融产生互联网金融,加教育就是互联网教育,加出行就是互联网出行……"互联网+"加出传统行业新形态,加出我们生活的新方式。如今,人们足不出户,在手机上动动手指,就可以预约出租车、享受上门理发等服务,就能通过摄像头与远在千里之外的医生沟通病情,还能在电脑上自己设计、下单并定制家电、衣服等产品,"互联网+"正改变着人们的生活方式。

创新模式更多样。小米公司成立5年多来,便卖出1.5亿部手机,其智能可穿戴产品跻身全球市场前三。小米靠的是什么?正是商业模式的种种创新:在开发设计环节,消费者、供应商可通过论坛、微博、微信、QQ等方式参与;在制造环节,寻求全球分工合作,迅速将用户线上线下反映的需求在产品上体现;在销售环节,以电商直销为主,去除中间渠道,大幅降低营销费用。模式创新,让企业觅得赶超的捷径,打开一片灿烂晴空。

商业模式多元化。移动互联网需求的多样性、业务的繁荣、平台的开放、市场竞争的加剧、注重生态系统的建设,使得移动互联网商业模式呈现多元化的态势。随着互联网快速发展,线上线下融合加快,O2O模式在中国发展迅猛,吸引众多公司进入,大大方便了人们的生活,Uber、滴滴快的、饿了么等都是O2O模式的杰出代表;苹果公司打造了"终端+应用"软硬一体化的商业模式,从而赚得盆满钵满;阿里巴巴打造电子商务平台模式,从而成为电子商务的"帝国";谷歌采用的"搜索免费+后向广告收费"的商业模式,从而奠定了在搜索引擎领域的霸主地位;红领集团通过"互联网+制造",实现了服装由大规模生产到 C2M 个性化定制。互联网的快速发展和普及催生了共享经济,共享模式得到迅速发展,诞生了途家、顺风车、Airbnb、小猪短租、滴滴打车、WeWork 等新兴互联网公司。

新兴公司如雨后春笋般蓬勃发展。如今,随着我国经济的健康发展、移动互联网的快速普及、互联网与传统行业融合进程的加快、"大众创业,万众创新"的大力推动,市场机遇空前,可以说是进入了创新创业最好的时代。旅游、娱乐、教育、数字家庭、金融服务、医疗、电子商务、数字穿戴、互联网+、移动互联网等成为创新创业的热点,诞生了诸多成功的新兴公司,这些公司的共同特点就是把握客户"痛点",运用互联网思维,打造精品。例如,小米公司成立于 2010 年,经过 5 年多的发展,取得的业绩令人瞩目。2015 年小米手机销售突破 7 000 万部,营收达到 780 亿元,估值超过 450 亿美元,较 2010 年增长 160 倍。专注移动社交应用的陌陌成立于 2011 年 2 月,目前注册用户超过 1.8 亿户,月活跃用户超过 6 000 万人,2014 年 12 月成功登陆美国纳斯达克,市值超过 30 亿美元。滴滴、快的都是在 2012 年成立的互联网打车的新兴公司,由于很好地满足了人们的出行需求,发展十分迅猛,竞争十分激烈。为此,2015 年 2 月,两家公司宣布合并,目前滴滴快的用户数超过 3 亿户,日订单量超过 1 000 万单,估值超过 300 亿美元,成为互联网打车领域的领头羊,2016 年 8 月 1 日,滴滴宣布收购 Uber 中国,两者占据国内市场份额超过 90%。

近几年来,新创立的成功的公司不胜枚举,如唯品会、豆瓣网、聚美优品、春雨医生、去哪儿、天使汇、陆金所、蚂蚁金服、融 360、美

团网、蘑菇街、唯一优品、乐蜂网、易到用车、人人车、嘀咕网、大众点评网、艺龙、搜房网、百合网、赶集网、58同城、酒仙网、汽车之家、豌豆荚、墨迹天气、点心、极路由……这些新兴公司对繁荣市场、满足客户多元化需求、促进就业发挥了重要作用。

新业态、新模式、新公司不断涌现告诉我们,作为传统企业要抓住当前我国经济转型升级的新机遇,积极拓展新的市场,运用互联网思维,创新模式,促进企业更好更快地发展。

从消费互联网转向产业互联网,产业互联网市场广阔

我国互联网发展已有20多年历史,互联网产业涌现出百度、阿里巴巴和腾讯(BAT)这样的互联网巨头,它们在搜索、电商和社交领域都无人能敌,同时它们也代表消费互联网已达到顶峰状态。

如今,我国消费互联网取得了举世瞩目的成就,消费互联网市场趋于稳定与饱和。根据中国互联网络信息中心发布的第38次《中国互联网络发展状况统计报告》显示,截至2016年6月,我国网民规模达7.1亿,互联网普及率达到51.7%,我国居民上网人数已过半。手机成为拉动网民规模增长的主要因素。截至2016年6月,我国手机网民规模达6.56亿,网民中使用手机上网的比例由2015年的90.1%提高到2016年上半年的92.5%。

在消费互联网发展的同时,互联网与传统行业结合开辟了巨大的发展空间。如今传统行业与移动互联网融合正在加快,互联网对各行业的生产、经营、管理、商业模式、研发、制造等各个环节进行渗

透,形成新的融合,不断创造全新的价值经济,从而推动互联网行业迈向产业互联网时代。

利用互联网技术提升传统产业已是一种趋势,推动产业互联网迅猛发展的四要素:一是无所不在的终端,包括手机及其各种信息传感设备(如智能眼镜、智能手环等)的普及;二是空前强大的云计算能力,包括计算与存储能力,实现了从 G 到 P 及至 E 级的跨越;三是不断升级的宽带网络;四是大数据的发展(见图 1—2)。

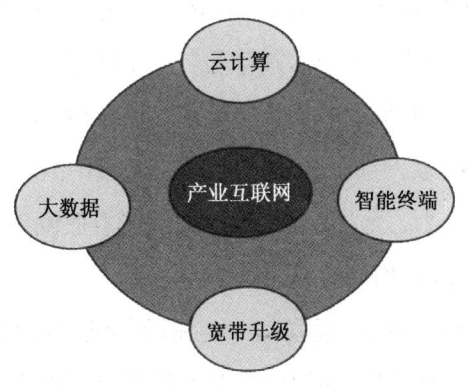

图 1—2 驱动产业互联网发展的四要素

从"互联网+"到"中国制造 2025"等国家战略的提出,将促进产业互联网快速发展。产业互联网的迅猛发展意味着各行业(如制造、医疗、教育、金融、农业、交通、旅游、汽车、能源等)互联网化不断加快,形成了诸如工业互联网、农业互联网、互联网金融、互联网交通、互联网医疗、互联网教育等新业态。

比如,在医疗领域,从网上挂号,到眼下各种依托移动互联网的健康监测、健康管理 APP,到"誓言"要颠覆传统诊疗模式的未来医院,再到以 BAT 为代表的互联网公司、创业公司纷纷涌入,互联网医疗的发展大大节省了病人的就医时间,提高了就医效率。互联网医疗市场前景广阔,2014 年我国移动医疗市场规模达到 30.1 亿元,预计 2017 年将达到 125.3 亿元,年均增长超过 60%。

再如,在教育领域,面向中小学、大学、职业教育、IT 培训等多层次人群的开放课程,可以使你足不出户在家上课。"互联网+"正改变传统的教育模式,"翻转课堂"让学生真正成为课堂的主人;"慕课(MOCC)"和"O2O"学习模式,让按需学习、自主学习成为可能;"基于大数据的教学与评价",让学习者的个性与差异性得到充分凸显与尊重。如今,互联网教育异军突起,受到资本市场的追捧,成为最热门的产业互联网细分领域之一。2014 年中国互联网教育市场规模达到 1 069.2 亿元,预计到 2017 年我国互联网教育市场规模将超过 2 000 亿元,年均增长率超过 20%。

又如互联网+旅游,互联网+与旅游的结合,让百姓足不出户就可以身临其境地去"游览"景区,从而能够更好地规划自己的旅游线路。随着移动互联网的发展,旅游是未来最稳定增长的行业之一。而互联网的发展进步,会挖掘传统旅游很多没有释放出来的价值,改变人们的出行预订方式和行程体验。"互联网+旅游"是旅游行业势不可挡的发展趋势,是中国旅游市场最大的风口,未来 5 年,"互联网+旅游"将创造 3 万亿元红利,成为新常态下扩内需、稳增长、促发展的新动力。

再看工业互联网,智能家居、可穿戴设备、无人飞机、智能机器人、无人驾驶汽车、车联网等大批软硬一体化的智慧工业出现,互联网改造了工业的生产、研发、销售、采购和管理等各个环节,以"互联网＋"推动工业制造的转型升级,这就是工业 4.0 和"中国制造 2025"两者异曲同工之处。"中国制造 2025"的大力推进,推动协同制造、智能制造,标志着我国将告别重化工工业的国民经济结构,向高端、节能、环保、高科技方向大步迈进,同时也意味着中国制造业将迈入崭新的发展阶段。据易观国际预计,到 2030 年,工业互联网为中国 GDP 增长带来的增量达到 3 万亿美元。相比消费互联网,显然产业互联网的潜力更大。

可以说,互联网可以加任何行业,对任何行业都可以进行改造升级,打造智慧产业,从而推动工业互联网时代、农业互联网时代和互联网＋生活时代的来临和变革。

总之,随着"互联网＋"行动的大力推进,建立在移动互联网上的产业互联网存在无比巨大的机会,任何一个行业或产业都有可能被互联网改造。互联网连接能力越强、聚合能力越大,传统产业的机会就越大。这一改变,不仅为互联网创新创业带来巨大的机会,同时也为传统产业带来巨大的发展,传统产业与互联网企业的结合将为彼此带来巨大的发展空间,信息化、互联网化为传统产业带来新的核心竞争力,推动传统产业转型升级。

进入 IOT 时代,物联网市场更为诱人

物联网是新一代信息技术的重要组成部分,依托互联网通过智能感知、识别技术与普适计算等通信感知技术,广泛应用于网络的

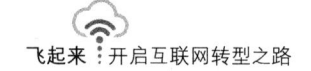

融合中,是继计算机、互联网之后世界信息产业发展的第三次浪潮。

20世纪90年代初,传感器的价格越来越低、功能越来越强大。现在一部智能手机平均配有7个传感器,再加上功能日益强大的中央处理器和图形处理器以及多点触屏等技术,智能手机成为全世界普及最快、最流行的智能设备。来自麻省理工学院的凯文·阿斯顿提出了"万物互联"(IOT,Internet of Things)的概念,包括人在内,任何东西都可通过网络互相联系在一起进行信息交流。

智能硬件已经开始渗透到生活和经济中,这是一个很现实又乐观的状况。那些能够接电和上网的机器在世界上有多少台,就可以说IOT数量到底会有多大。随着移动互联与物联网加速融合,智能可穿戴设备出现爆发式增长。2015年我国智能可穿戴设备市场规模达到4 800万台,同比增长68%,未来几年将呈现爆发式增长,2018年预计达到14 350万台。可穿戴设备主要应用在以血糖、血压和心率监测为代表的医疗,以运动监测为代表的健康保健等领域。

如今,越来越多的智能设备接入互联网,传统商品如电视、手表、音响等正在经历智能化,像GoPro和Fitbit之类的智能设备也层出不穷,这些智能设备可以实现7×24小时连接互联网。特斯拉电动车实际上就是一部架在四个轮子上的手机。日本著名的互联网投资人孙正义预言,2020年我们每个人都会平均连接1 000个设备。

随着物联网技术、平台、终端的快速发展,物联网应用呈现爆发式增长,表现在:一是M2M物联网应用高速增长。代表物联网行业应用风向标的M2M连接数增长迅猛。截至2014年底,全球

M2M连接数达到2.43亿,同比增长29%,而基于智能终端的移动连接数同比增长只有4.7%。预计2020年全球M2M连接数将达到10亿。二是从应用市场来看,公共安全、车联网、工业制造等万亿级垂直行业市场正在全面兴起,智慧医疗、智能家居、智能交通、智能农业、智能物流、智能电网、智能环保等应用市场百花齐放。三是物联网有力地推进智慧城市建设。如今,物联网已成为智慧城市发展的核心基础要素,智慧城市通过物联网应用汇集海量感知数据,依托城市综合管理运营平台和大数据分析,实现对城市运行状态的精确把握和智能管理,在城市管理、节能减排、能源管理、智能交通等领域进行广泛应用。

面对万物互联,国内外大公司都在进行IOT布局。谷歌2014年1月以32亿美元收购了智能家居公司Nest、全景摄像技术公司Digisfera,其内部基因组团队开发了健康追踪应用开发平台GoogleFit。苹果公司专为医学研究者打造了软件基础架构为ResearchKit、面向消费者的HealthKit,2014年6月苹果发布了智能家居管理应用程序HomeKit。三星总裁兼首席执行官尹富根称,5年内所有三星硬件设备均将支持万物互联。百度、乐视、360、小米等不甘示弱,各类智能电器、设备已经开始商用或者测试,比如乐视和小米推出的智能电视,乐视电动汽车,百度车联网和无人驾驶技术,小米水质测试笔、路由器、净水器、空气净化器,等等。

2016年世界移动通信大会(MWC2016)上,物联网当之无愧地成为本次展会的"明星",几乎所有的知名设备商都进行了相关的展示。物联网之所以会成功吸引知名设备商乃至电信运营商的关注,

成为整个通信业的关键发力点,与其巨大的市场空间密切相关。根据美国研究机构 Forrester 预测,物联网所带来的产业价值将比互联网大 30 倍,物联网将成为下一个万亿元级别的信息产业业务。预计到 2025 年,全球将有超过 1 000 亿的物被连接起来。根据麦肯锡全球机构(McKinsey Global Institute)研究报告预测,全球物联网市场规模 2025 年将达到 11 兆美元。

面对物联网浪潮,对实体经济转型发展机会更大,优势可能更为明显,关键是传统行业要积极加入万物互联这一趋势中,通过构建 IOT 平台实现连接增值,尤其是以构建物联网产业生态为核心,共享智能时代带来的红利,要充分运用物联网技术、大数据技术、移动互联网技术、云计算技术,实现对企业生产、制造、研发、经营、管理、销售的改造升级,大力拓展智能应用(如海尔的智慧工厂),从而有效促进企业转型升级。

国家出台政策带来的新机遇

政策是影响企业转型发展的重要因素。企业转型如何转、未来发展如何定位、发展机遇在哪里等,这些无疑需要正确把握国家宏观经济政策导向,分析政策,判断政策发展走势,从而为企业转型发展指明方向。

国家出台的主要政策

近年来,尤其是 2015 年以来,国家从顶层设计方面出台了一系

列政策,最主要政策概括如下:

1. 宏观经济政策。主要有:2013年11月,党的十八届三中全会通过《中共中央关于全面深化改革若干重大问题的决定》;2015年3月,中共中央国务院正式下发《关于深化体制机制改革加快实施创新驱动发展战略的若干意见》,2015年3月,国务院正式下发《关于发展众创空间推进大众创新创业的指导意见》,2015年6月,国务院颁发《关于大力推进大众创业万众创新若干政策措施的意见》;《中国制造2025》于2015年5月正式出台,2015年7月国务院下发《关于积极推进"互联网+"行动指导意见》;2016年3月,国家正式颁布《中华人民共和国国民经济和社会发展第十三个五年规划纲要》;2016年3月,中央印发《关于深化人才发展体制机制改革的意见》;2016年5月,国家正式下发《国家创新驱动发展战略纲要》;等等。

2. 国有企业改革的政策。主要有:2015年9月,国务院印发《关于深化国有企业改革的指导意见》;2015年10月,国务院下发《关于国有企业发展混合所有制经济的意见》;2015年12月,国资委、财政部、国家发展和改革委员会联合印发《关于国有企业功能界定与分类的指导意见》;2016年2月,财政部、科技部、国资委联合印发《国有科技型企业股权和分红激励暂行办法》。

3. 行业政策。主要有:2015年2月,国务院发布《国务院关于促进云计算创新发展培育信息产业新业态的意见》;2015年5月,工信部出台《关于加快高速宽带网络建设推进网络提速降费的指导意见》;2015年5月,国务院下发《关于大力发展电子商务加快培育

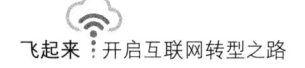

经济新动力的意见》；2015年7月，央行会同相关部委出台《关于促进互联网金融健康发展的指导意见》；2015年8月，国家出台《中华人民共和国促进科技成果转化法（2015）》；2015年9月，国务院正式下发《关于促进大数据发展的行动纲要》；2016年4月，国家发改委等24个部门联合下发《关于印发促进消费带动转型升级行动方案的通知》，实施"十大扩消费行动"；2016年7月，国家正式发布《国家信息化发展战略纲要》，明确了建设网络强国的总体目标；等等。

可以看出，在我国经济进入新常态阶段，国家从顶层设计方面出台了一系列改革创新新政策，充分显示出国家正按照"五位一体"总体布局和"四个全面"战略布局，进一步创新宏观调控思路和方式，进一步推进创新驱动发展战略，进一步加强供给侧改革，进一步依靠改革创新培育发展新动能。因此，传统企业要很好地推进互联网转型，必须以准确把握政策变化新动向为先导，从中发现机会，从而更好地推进企业改革、发展和创新。

主要政策解读及对企业转型的启示

1. 关于实施创新驱动发展战略的解读及启示。

《关于深化体制机制改革加快实施创新驱动发展战略的若干意见》是党中央、国务院对创新驱动发展战略作出的重要顶层设计和重大改革部署。《若干意见》强调以深化改革为主线，推进科技创新和体制机制创新。把改革作为实施创新驱动发展战略的重中之重，通过改革加快破除创新驱动发展的体制和机制障碍。实施创新驱

第一章
传统企业转型面临的新机遇

动发展战略的核心是科技创新,但是,必须同步推进制度创新、体制创新和商业模式创新。同时,《若干意见》首先坚持全面创新,就是突出以科技创新为核心的全面创新,从营造公平的竞争环境、建立市场导向机制、强化金融支持、激励科技成果转化、完善科研体系、加强人才培养和流动、推动开放创新、加强统筹协调八个方面提出了30条近百项改革措施;其次是强化需求导向,真正让市场在资源配置中发挥决定性作用,特别是将改革的重点放在了着力创造一个能够从根本上激发全社会创新动力的体制环境上,将知识产权制度作为激励创新的基本保障;再次是突出人才为先,更加注重培养、用好、吸引各类人才,促进人才合理流动、优化配置,创新人才培养模式,用利益驱动分配杠杆,激发每一个创新者的内生动力,特别是提出了科技成果使用、处置和收益的改革举措;最后是坚持遵循规律,要根据科学技术活动的特点,遵循科学研究的探索发现规律和技术创新的市场规律。

对传统企业转型发展的启示:企业发展最终要靠创新、技术、人才。传统企业要摆脱"天花板"的困境,就必须通过深化企业改革,大力推进创新驱动战略,用好用活人才,激发创新活力。

一是以"互联网+"思维为指导,实现"三大转变":由重视传统业务发展向加快新兴业务、融合业务发展方向转变,由规模发展驱动业绩增长向创新驱动战略转变,由传统经营模式向互联网化模式转变。

二是推进技术创新、产品创新、体制机制创新、管理创新和商业模式创新,以创新推动企业全面转型。要抓住"互联网+"机遇,构

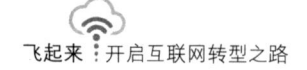

建新型研发创新体系，提升自主创新能力，企业要将重心向新兴业务领域倾斜，打造新兴业务生态圈。

三是用好用活人才。传统企业要坚持以人为本、以用为本，积极营造"爱惜人才、关心人才、保护人才、用好人才"的良好氛围；要用严格的标准、市场化的激励机制、科学公平的考核、创新的文化激励人、鼓舞人、发展人，营造相对公平的企业环境；要打破论资排辈，扫除体制障碍，为想做事、能做事、干成事的广大干部员工提供施展才华的舞台，真正做到选好、用好、用活人才，真正做到"干部能上能下、员工能进能出、收入能升能降"。

2. 关于鼓励"双创"政策的解读及启示。

从2015年政府工作报告提出"大众创业，万众创新"，到政府陆续出台《关于发展众创空间推进大众创新创业的指导意见》《关于大力推进大众创业万众创新若干政策措施的意见》等政策文件，到李克强总理多次为大众创业万众创新加油鼓劲，再到2015年9月李克强总理特别指出国企改革要与"双创"紧密结合。如今，我国掀起了"大众创业，万众创新"的浪潮。随着推动"双创"的政策措施进一步完善，这将为经济持续发展提供更强的动力和新的增长点。

对传统企业转型发展的启示：传统企业要借"大众创业，万众创新"的东风，审时度势，抓住机遇，顺势而为，以"双创"为契机，鼓励员工创新创业，打造创新孵化平台，不断激发创新活力，积极寻求新的业务增长点，真正使"双创"成为推动企业转型发展的助推器。

3.《中国制造2025》的解读及启示。

制造业是国民经济的支柱产业，是工业化和现代化的主导力量,是衡量一个国家或地区综合经济实力和国际竞争力的重要标志。《中国制造2025》与德国工业4.0以及美国提出的工业互联网有异曲同工之处,且更加强调互联网与工业制造的融合。《中国制造2025》强调的一个核心是"智能制造",要求从"中国制造"向"中国创造"转变,全面推进实施制造强国战略。

《中国制造2025》提出"三步走"战略,提出实施国家制造业创新中心建设、智能制造、工业强基、绿色制造、高端装备创新五项重大工程,提升我国制造业的整体竞争力。并围绕实现制造强国的战略目标,明确了九项战略任务和重点:一是提高国家制造业创新能力;二是推进信息化与工业化深度融合;三是强化工业基础能力;四是加强质量品牌建设;五是全面推行绿色制造;六是大力推动重点领域突破发展,聚焦新一代信息技术产业、高档数控机床和机器人、航空航天装备、海洋工程装备及高技术船舶、先进轨道交通装备、节能与新能源汽车、电力装备、农机装备、新材料、生物医药及高性能医疗器械十大重点领域;七是深入推进制造业结构调整;八是积极发展服务型制造和生产性服务业;九是提高制造业国际化发展水平。

对传统企业转型发展的启示:《中国制造2025》主线是信息化和工业化融合,核心是智能制造,"互联网+"是实施的一个重要途径,必须要把《中国制造2025》与"互联网+"紧密结合起来,要充分运用互联网技术,加快实现对企业生产、制造、销售、管理的改造升级,推进工业制造的智能化、个性化、自动化。

4. "互联网+"行动计划指导意见的解读及启示。

"互联网+"行动计划提出"坚持改革创新和市场需求导向,突出企业的主体作用,大力拓展互联网与经济社会各领域融合的广度和深度";提出遵循"坚持开放共享、坚持融合创新、坚持变革转型、坚持引领跨越、坚持安全有序"的"五个坚持"原则;提出互联网+创业创新、互联网+协同制造、互联网+现代农业、互联网+智慧能源、互联网+普惠金融、互联网+益民服务、互联网+高效物流、互联网+电子商务、互联网+便捷交通、互联网+绿色生态、互联网+人工智能11项重点行动,40项重点发展任务。

"互联网+"是我国新常态下经济增长的新引擎,是我国抢占全球竞争制高点的战略选择,是传统企业实现转型升级的客观要求。加快推进互联网转型是传统企业适应"互联网+"时代的必然选择。

对传统企业转型发展的启示:"互联网+"行动的大力推进不断创造巨大的蓝海市场,为传统企业转型发展创造了难得的机遇。传统企业要以"互联网+"思维为指导,坚持"开放、创新、合作、融合"的工作方针,以打造开放平台为核心,以构建良好的产业生态为目标,加快推动传统企业与互联网的跨界融合,积极拓展新的市场,不断培育新的业务增长点。

5.《十三五规划纲要》的解读及启示。

《中华人民共和国国民经济和社会发展第十三个五年规划纲要》描绘了"十三五"发展的宏伟蓝图:经济保持中高速增长,未来五年,我国经济将保持6.5%左右的增速,2020年国内生产总值和城乡居民收入比2010年实现翻番。"十三五"规划纲要提出"创新、协调、绿色、开放、共享"五大发展理念,经济增长实现由要素驱动向创新驱动转变,实施网络强国、国家大数据战略、推进"互联网+"行动计划、中国制造 2025 和"大众创业,万众创新",对信息经济的重视程度前所未有,推动结构优化、动力转化的力度前所未有。"十三五"规划更加强调要加强供给侧结构改革,强调要通过改革促进创新、提高全要素生产率和提高产品竞争力的方式来促进经济增长。

对传统企业转型发展的启示:传统企业转型发展要更加注重业务结构的调整,适应市场环境变化,不断拓展新的业务增长点;要坚持创新驱动的发展战略,坚持开放合作,加大供给侧结构改革力度,构建多层次的研发创新体系,以高质量、高水平的产品创新满足不断增长的信息服务需求,不断提升企业创新能力。

6. 深化国有企业改革相关文件的解读及启示。

2015 年,国家关于深化国有企业改革文件相继出台,与传统企业尤其是国有企业密切相关的要点主要有:推进国有企业分类改革,根据国有资本的战略定位和发展目标,结合不同国有企业在经济社会发展中的作用、现状和发展需要,将国有企业分为商业类和公益类;从推进股份制改造、公司治理结构、深化企业内部用人制度改革等方面加强现代企业制度建设;积极发展混合所有制,引入非国有资本参与国有企业改革,鼓励国有资本以多种方式入股非国有企业,积极探索实行混合所有制和企业员工持股;加强和改进党对国有企业的领导,充分发挥国有企业党组织政治核心作用。

对传统企业转型发展的启示:深化企业改革是传统企业(尤其是国有企业)实现转型发展的重要内容。根据中央关于深化国有企业改革精神,传统企业深化改革重点从以下几个方面开展:坚持国

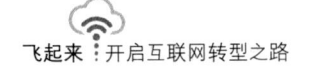

有股相对控制，积极稳妥发展混合所有制，重点集团层面以及子公司积极引入民营资本和社会资本，推进产权多元化改革；进一步完善公司治理，正确处理董事会、监事会、股东大会以及党委会的关系，形成相互协同、相互制衡的公司治理体系；在创新板块、新业务板块开展员工持股计划试点。根据"鼓励国有资本采取多种形式收购非国有企业"的要求，传统企业要更加重视运用资本经营的手段推进跨界合作，更多地利用战略投资、兼并和收购以及成立合资公司的方式，推进跨界合作，不断拓展新的业务领域。此外，深化企业改革，需要传统企业在运营模式、组织架构、机制体制、企业文化、队伍建设等方面协同推进，核心就是遵循市场规律，实施创新驱动战略，形成相对公平的企业环境。

总之，我国传统企业转型进入了最好的时代，面临的市场机遇空间广阔。面对机遇，我们绝不可错过，要以强烈的时代感、紧迫感、危机感和机遇感，主动适应经济发展新常态，要在改革和创新的大潮中找准自己的定位，要努力使企业自身发展融入国家战略发展的"大势"，打造产业生态，深化企业改革，加快创新驱动，加快推进转型步伐，创新发展方式，攻坚克难，勇往直前，全力推动企业持续健康发展。

第二章

传统企业转型面临的新挑战

众所周知,企业互联网化是当今社会发展一种不可逆转的趋势。随着云计算和移动互联网的迅猛发展,企业正逐步将内部的业务流程和外部的经营活动与移动互联网结合起来,以有效提升企业整体的核心竞争力。顺应这个发展趋势,企业会更依赖移动互联网平台和技术,作为大多数的传统企业来说,为了使自己不被颠覆,必须顺应互联网化这一大潮。

如今,是一个令人迷茫的时代,同时也是一个充满无限可能的时代;如今,是一个让人焦虑的最坏时代,也是一个催人创新的最好时代。在这样的时代,传统企业不转型,如同等死!

在新经济发展背景下,传统企业面临的是颠覆?是重构?还是新生?如何借力互联网蓬勃发展的风口,找回发展之势?这些都是传统企业管理者期待解决的命题。打造产业生态圈、搭建O2O平台、拓展互联网思维、开展资本经营……传统企业的转型并非一帆风顺,而是面临更多的挑战,这需要传统企业在转型发展过程中战胜困难、勇敢尝试,更需要清晰的策略。

面临经济"新常态"的挑战

中国经济进入新常态、改革进入"深水区",是当前我国经济发展的一个重要特征,以往我国经济发展是靠牺牲环境、浪费资源、大量经济刺激政策等方式取得的,出现了经济增速放缓、贫富差距大、社会发展不均衡、环境污染、资源浪费、社会道德底线渐失等问题,这种增长方式不具有可持续性,"新常态"是反映我国经济发展所处的一个现实阶段,我国经济呈现出"三期叠加"的基本特征,新常态下我国经济正面临四大挑战。

一是经济下行压力较大。近几年来,我国经济增长率呈现非常明显降速增长的态势(见图2—1),2016年上半年我国GDP增长为6.7%,较2015年下降0.2个百分点,创近7年来新低。但6.7%符合中高速增长目标,也是一个含金量很高的数字,也是全球最好的增长速度,这对长期习惯了高增长的中国经济是一个巨大的挑战。这种挑战,不仅仅是对中国经济本身,更重要的是影响对中国经济增长前景的心理预期。

经济发展新常态是一个长期过程。当前经济运行保持在合理区间,但经济下行压力仍然较大,虽然GDP增速放缓了,但从长远

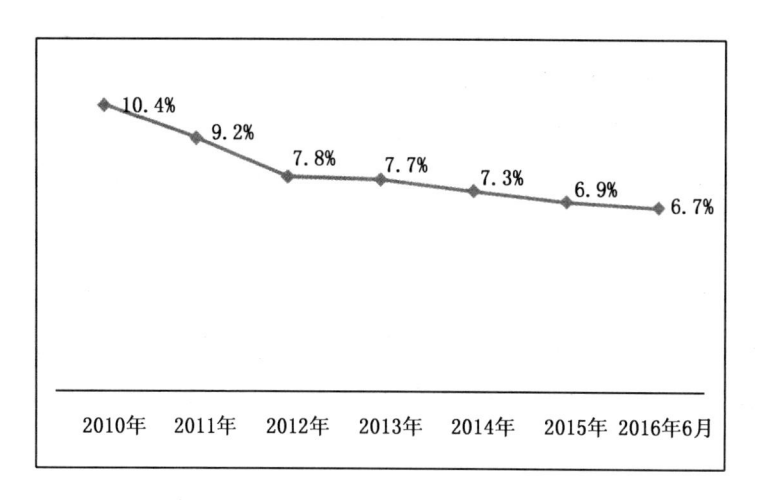

图 2—1 我国近几年 GDP 增长率变化情况

看符合宏观调控的战略取向,即通过减速增长推动经济发展方式的转型升级,为我国未来经济打开更广阔的增长空间。

在我国经济发展进入新常态的背景下,靠土地、劳动等传统生产要素增长的模式已不适应时代发展的要求了,必须寻求新的增长动能。为此,国家制定了创新驱动战略、供给侧结构性改革、互联网＋行动计划、中国制造 2025、大数据战略、全面深化改革和"大众创业,万众创新"等一系列政策,创新驱动、大数据、互联网＋、"双创"等正成为推动我国转型升级的创新新动力,必将推动我国经济向"双中高"迈进,经济增长质量不断提升,对此我们要有足够的信心与期待。

二是结构调整阵痛显现。伴随我国调结构、转方式力度的不断加大,那些传统产业与产能过剩行业的日子越来越困难。这些行业

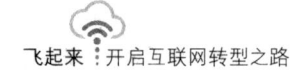

面临的发展挑战将是长期的,不转型升级,就难以生存发展;这对所有那些仍然抱残守缺的传统企业,都将是一个长期的压力与挑战。

三是一些实体企业生产经营仍然困难。这有多方面的原因,如有些企业产品老化、工艺落后;有些企业缺乏专业化技术和市场化竞争能力;有些企业不注重管理创新,经营成本长期居高不下;有些企业迷信价格暴利……所有这些企业,在经济下行的市场压力面前,就失去了抵御风险的能力,伴随劳动力用工成本的不断上升、人口红利的消失,产能过剩、库存积压,面临着内忧外患,经营困难重重。

四是部分经济风险显现。我国经济经过30多年的高速增长,在有些领域积累了一定的经济风险。例如,生态环境所引发的经济风险不容小视;各级地方政府债务负担问题不断显现;民间融资与民间借贷的风险问题频发;有些虚拟经济的资产价格泡沫正在放大;P2P大量跑路和倒闭,行业进入风险高发期;房地产市场的整体风险日益突出,值得警惕。

互联网对传统企业的冲击

面对互联网的迅猛发展,如今,无论是在行业格局,还是商业模式、产品策略、渠道运营、员工管理等方面,传统企业都面临巨大的挑战。那么互联网到底给传统企业带来了哪些冲击呢?

1. 竞争模式的变化。传统企业的业务扩张是以空间拓展和多元化经营为主,传统企业通过不断地进行市场拓展和丰富产品线来获得竞争优势,而在互联网时代,客户更加关注客户体验,造成企业之间的竞争由空间竞争向客户体验竞争转变。比如,客户在线上下单,他不太会关注产品是从广东来的还是从上海来的,他更关注的是产品送货的时效性、产品质量、产品价格、支付的方便性。

2. 消费习惯的变化。随着传统互联网和移动互联网的快速发展,人们的消费习惯正在发生巨变,人们越来越离不开智能终端。80后、90后甚至00后这些互联网土著已经习惯基于互联网的消费模式,70后、60后也有越来越多的人开启互联网消费模式。为什么滴滴打车、快的打车在腾讯和阿里巴巴的支持下,疯狂烧掉超过20亿元给驾驶员、乘客进行补贴,目的就是培养用户使用网上约车的消费习惯。因其方便,如今越来越多的年轻人习惯选择滴滴快的、Uber等互联网约车服务。

3. 产品被彻底颠覆。小米是一家典型的基于互联网发展起来的实体企业,小米科技董事长雷军曾经有一句名言:我们只做让客户尖叫的产品。是的,在产品同质化和产品过剩严重的今天,传统产品设计与交付的模式已经被彻底颠覆。传统企业的产品设计与开发更多的是基于市场调研,其实对目标客户的研究和把握还是存在一定问题的:传统企业对于目标客户的定位是一个区间,而非特定的客户群体,因此,企业在产品开发和设计的时候很难做到满足客户的个性化需求。

4. 行业格局正在被打破。每个传统行业都会有行业巨头,原来行业中的中小企业想要超越这些巨头,确实很难。但在互联网时代,这种难度被大大降低,因为通过互联网能够实现与客户零距离、

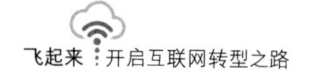

进行精准营销、实现线上线下融合、打造开放平台等,从而迅速做大规模,实现超越,改变行业竞争格局。这方面例子很多,如互联网与金融的结合,使互联网金融得到迅猛发展,涌现出蚂蚁金服、人人贷等诸多互联网金融公司,对传统银行构成极大的威胁;又如微信,如今其活跃用户超过7亿,成为人们生活的一部分,微信的发展和普及让移动、电信、联通坐立不安;再如互联网出行,滴滴出行、Uber受到用户的欢迎,也改变了传统出租车垄断市场的格局。移动互联网时代的来临,让大大小小的企业老板几乎都开始坐立不安。因为互联网能轻松改变已有的商业竞争格局,甚至是对现有的商业竞争格局进行彻底的洗牌。

移动互联时代,社会、企业、消费者都切身感受到移动互联网发展带来的变化。对于传统企业来说,一方面应认识到互联网发展对企业转型发展带来的变化和挑战;另一方面,更重要的是,要变挑战为机遇,充分利用互联网推进企业转型升级,而不能对互联网发展熟视无睹。

面临传统优势被趋势打败的风险

我们常常听到很多传统企业在说:充分发挥自身优势,顺势而为,加快转型步伐。它们对自己的传统优势往往十分迷恋。如今,社会发展正处于颠覆性变革的时代,趋势和优势往往是势不两立的。

当新的重大趋势初露端倪之际,那些拥有明显优势的传统巨头往往倾向于顺着自己的优势而为，从而与真正的趋势失之交臂，最终丧失核心竞争力而轰然倒下。只有极少数的智者能够以壮士断腕的魄力，把握住趋势的脉搏而基业长青。

20世纪80年代，英特尔的核心业务是存储器，这是其优势所在。但趋势却已经转向了新一代的微处理器。英特尔一度迷恋于自身的优势而坐视主营业务的不断下滑。最终，英特尔高管格鲁夫问创始人之一的摩尔："如果我们俩被踢出了局，董事会聘请一位新的首席执行官，你觉得他会怎么做？"摩尔毫不犹豫地回答："他会让公司退出存储器业务。"格鲁夫盯着摩尔，说："为什么你我不走出这道门，然后回来自己这样做呢？"于是，英特尔关闭了7座工厂，裁掉了约占总人数1/3的员工，毅然退出了存储器业务，集中资源于微处理器业务。这最终推动英特尔在即将到来的计算机时代走向了辉煌。

然而，要一以贯之地克服优势带来的既得利益的巨大诱惑而转投趋势的怀抱是非常困难的。英特尔也不例外。当移动互联网迅猛发展之时，英特尔基于PC设计的芯片优势再一次被推到了趋势对立面上。但这一次，英特尔并没有一个新的格鲁夫站出来力挽狂澜。曾经光环无数的英特尔也日渐被后起之秀ARM抛到了身后。

我们再看诺基亚：诺基亚曾经一度是手机行业的王者，诺基亚手机全球市场份额最高达到40%，其最辉煌的时候市值高达1 151亿美元，然而诺基亚手机业务部门于2013年9月被微软仅仅以71.7亿美元收购，这意味着，曾经辉煌的诺基亚走下神坛。诺基亚的失败在很大程度上就是输在固守传统功能性手机、对趋势视而不

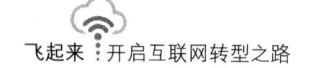

见以及对苹果推出的 iPhone 智能手机反应迟缓，最终导致战略决策失误，错失移动互联网发展的大好机遇。具体表现在以下方面：

一是没有抓住消费趋势，最终被后来的苹果、三星等全面超越。在功能手机时代，诺基亚是当之无愧的王者。但是随着互联网的迅速发展，消费者对手机的需求已经不是简单地满足于通话、短信等基本需求，而是对娱乐和互联网应用需求的不断增长。然而，诺基亚仍固守功能性手机市场，没有真正地抓住消费者在移动互联网时代的智能化消费趋势，导致其在产品的创新方向上远远落后于竞争对手。2007 年苹果推出 iPhone，诺基亚对此不屑一顾，依然固守 Symbian，固守功能型手机，最终走向没落。

二是对市场的变革反应迟钝，过于沉溺于过去的辉煌。尽管有苹果等后来者的冲击，但是诺基亚曾经在一段时间内，一直坐拥全球手机老大的位置，俯视众手机厂商，正如诺基亚 N9 上市时所主张的那样："不跟随"。正是对于手机行业的市场变革缺乏敏捷的反应，诺基亚最终走向失败。

三是固守传统思维，封闭策略导致移动互联战略失败。与苹果、谷歌努力打造的开放平台相反，诺基亚更注重垂直整合，不惜花巨资收购导航软件企业、地图企业甚至相关的运营网站，但这种整条产业链通吃的模式似乎并未增强诺基亚在互联网世界的竞争力。

四是缺乏创新，这是把诺基亚从"神坛"拉下的真正原因。诺基亚将战略重点放在零售渠道调整方面的做法有些偏颇，在技术、用户体验、产品创新等方面大幅落后是其衰落的主要原因。

微软是一个非常有危机感的企业，比尔·盖茨有句名言是"微软离倒闭永远只有18个月"！微软的研发甚至想押注所有的技术路线，然而，它们仍然失算了移动互联时代。这一失算，微软就变成"明日黄花"了。

摩托罗拉被Google收购，加拿大最大国企——北电网络破产，索尼爱立信"离婚"，黑莓面临出售，诺基亚被微软收购，柯达破产，索尼垂死挣扎……曾经的巨头相继倒下，对传统企业转型发展的启示就是：不能引领趋势，无法决胜未来。

面临"互联网＋"浪潮，对于传统企业来说，固守自有优势，必将在与BAT以及颠覆者竞争中毫无优势可言；固守传统优势，必将束缚企业手脚，贻误互联网＋经济发展的大好机遇。因此，对于传统企业来说，唯有把握趋势，从固有优势中解放出来，积极拥抱互联网，重塑新的核心竞争力，企业才能跳出传统优势迷恋症，迎接更加美好的未来。

传统运营模式受到挑战

在浩浩荡荡的互联网浪潮之下，一方面是互联网企业的高歌猛进，另一方面是传统企业互联网转型高歌猛进，越来越多的传统企业涌入互联网转型的潮流。如今，谁不谈互联网转型好像就OUT了。诚然，面临互联网化浪潮，传统企业要么主动转型，要么被颠覆，转型成为当今时代最重要的热点话题。互联网转型本质是企业改革创新发展的全过程，是一场商业、技术的变革。由于受到传统模式的影响，传统企业互联网转型在运营模式上面临诸多挑战。

1. 企业经营观念仍然因循守旧。在客户导向的今天,很多传统企业转型都是口口声声喊"坚持客户导向"的口号,但真正落实做得很不够,如内部分析和讨论,谈产品的多,研究用户、研究客户消费行为的少。在企业转型不断推进的今天,在经营方式上仍然还在沿用过去的老办法,经营比较粗放,如开展劳动竞赛,搞全员营销,以成本拉动销售,大打价格战、服务战、广告战;在产业合作上,往往还难以改变"以老大自居"的心态,什么都要主导产业链。在互联网化热火朝天的今天,传统企业为赶时髦,也纷纷搭上互联网转型的快车,但对互联网转型的本质和规律认识不深,只是简单地运用互联网这一工具,建一个网站、做一个微信公众号、开发一个APP,简单地将线下搬到线上,互联网转型形似神不似,难以取得实质性进展,等等。这些不能不说明传统企业经营观念存在问题,因循守旧、沿袭传统的做法难以一下子改变。

2. 速度不够快。速度对于市场竞争型企业至关重要,快速是互联网思维的重要体现。首先,表现在战略决策不够快速。传统企业决策流程长、怕风险、不够果敢,往往决策前充分研究,一个决策要花很长时间,使企业错失发展的良机。其次,就是企业对市场反应比较迟缓。有些企业面对互联网浪潮不为所动,对互联网冲击缺少办法;也有些企业面对客户需求的变化、竞争对手的变化不能及时应对,不能及时满足客户需求,造成客户流失。再次,产品推出不够快速。互联网思维的一个重要特点就是快速,快速推出,然后根据客户需求和反馈不断迭代完善。然而,很多传统企业在面对市场、面对客户时,在推出新产品时,总是想在产品完善以后再推出,这样一拖再拖,就错过了上市的最佳时机。

3. 传统企业面临产业链低端化、边缘化的风险。中国是制造大国,但核心技术、关键技术还依赖进口,中低端过剩、高端缺乏是我国制造业现状。从产业微笑曲线(见图2-2)来看,我国很多制造企业只是世界的代工工厂,处于微笑曲线的底端,只赚取低廉的代工费,而高利润则被国外攫取。从2016年1月《财富》杂志公布的全球智能手机利润分布情况来看,虽然苹果市场份额只有17.2%,但凭借iPhone超高的售价,苹果拿下了91%的利润;三星利润占比达到14%;微软、HTC、联想、索尼等的手机业务都处于亏损状态。苹果和三星智能手机获取的利润占比达到105%。作为苹果代工工厂的富士康,每组装一部iPhone手机,仅能从苹果获得8美元的收入,很显然处于微笑曲线的底端。再来看我国三大运营商,从互联网产业微笑曲线(图2-3)来看,在微笑曲线两高端分别被苹果、三星、华为等终端和设备供应商以及阿里巴巴、腾讯、百度等互联网公司控制,它们占领微笑曲线的高端,而电信运营商只占据管道优势,但管道低值化趋势正在加快,电信运营商互联网转型任重而道远。

4. 经营管理模式仍是沿袭传统的做法。传统企业按照传统模式经营已有几十年的历史,形成比较固有、标准的规范、制度、流程和运营管理体系。面对互联网迅猛发展的冲击,都知道要改变、拥抱互联网。但在实践中,长期形成的经营管理模式具有很强的惯性,涉及利益冲突,一下子难以改变。这主要表现在以下方面:

一是在组织模式上仍然沿袭传统金字塔的模式。企业按照职

（获利高位）
技术、专利

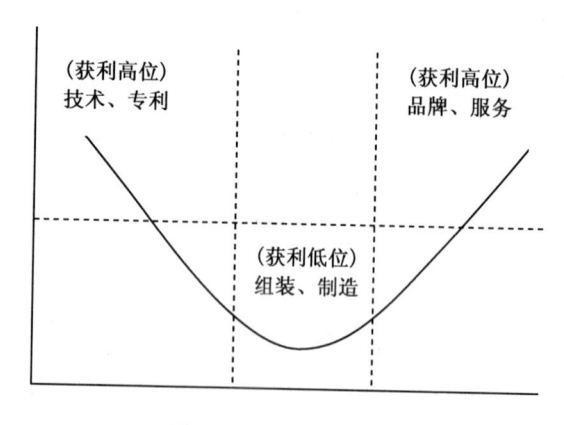

（获利高位）
品牌、服务

（获利低位）
组装、制造

图 2—2　产业微笑曲线

终端

应用

管道

图 2—3　互联网产业微笑曲线

能进行划分,组成一个系统的、封闭的组织架构,最上层是企业管理层,一级一级向下,直到最底层员工。金字塔式的组织导致企业机构庞大、臃肿,内部等级森严,流程环节长,组织运营效率低。这种组织模式明显不适应互联网时代扁平化、柔性化、网络化、开放化的要求,若不改变,企业将难以生存。海尔从传统金字塔模式到倒三角管理模式、从倒三角管理模式到自主经营体是值得传统企业转型学习和借鉴的。

二是市场化和行政化矛盾难以统一。2001年12月正式加入WTO,标志着我国市场化得到世界的认同。当前,我国诸多传统行业市场化程度比较高,竞争十分激烈。市场化要发挥作用,企业运营管理必须进行相应的变革。然而,由于受传统模式的影响,内部行政化特征仍然十分明显,国企老总仍然由国资委任命,内部一级管一级,对上负责,而不是对客户负责。正是由于市场化和行政化的矛盾,导致企业面对客户需求的变化反应迟缓以及企业缺乏创新活力,这必将阻碍传统企业市场化进程,不利于提升企业核心竞争力。

三是经营管理模式比较简单、粗放。这主要体现在:发展目标简单应用KPI这一工具,对KPI完成情况进行通报,KPI指标过多、过高,压得基层单位和员工喘不过气来,基层单位为完成指标,玩水分、搬砖头;过分依赖靠投资、成本拉动,而不是靠市场拉动;搞各种形式主义,摆摆架子,什么需要就做什么,应付各种检查;制定了一大堆制度,口号喊得很多,目标好高骛远,很多难以实施。

5. 缺乏适应互联网转型的人才队伍。目前传统企业的人才队伍结构明显不适应互联网转型的需要,很多企业进行互联网转型,却仍然用传统体制下的人、以传统的模式去做,结果必然是难以成功。现在很多传统企业为改变这一状况,纷纷招聘互联网成熟管理

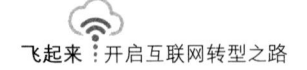

人才作为"空降兵",但大多由于"水土不服",最后还是分道扬镳,这方面的经验教训值得传统企业深思。

总之,面对互联网经济的迅猛发展,传统企业长期形成的模式明显不适应互联网时代发展的要求,传统企业要寻求互联网转型的突破,就必须直面挑战,忘掉优势,摒弃传统模式,切实推进去行政化,使企业真正成为合格的市场经济主体,要以"互联网+"思维为指导,真正开启互联网转型之路。

第三章

对互联网转型的认识

"互联网+"受追捧,是因为它已成为发展的重要"风口"。"站在风口上,猪都能飞起来","互联网+"正在给各行各业带来新的发展机会,零售、制造、金融、物流、交通、民生……几乎所有行当都可能因"互联网+"而充满希望。

近年来,用户至上、粉丝经济、平台思维……仿佛一瞬间传统企业优质的产品、满意的服务、高超的资本运作手段都不再重要,全部被互联网思维的潮水所淹没,身边很多企业都跃跃欲试,但又不知道转型之路在哪里。正如有人所讲的,传统企业不转型是"等死",传统企业转型是"找死"。

比尔·盖茨曾经说过,21世纪,如果你错过了互联网,你错过的不是一个机会,而是一个时代。随着"互联网+"不断走向深入,在实体经济每况愈下、举步维艰的今天,任何企业都不能对互联网发展熟视无睹,互联网转型成为传统企业摆脱困境的必然选择。这种转型之痛、难度之大前所未有,传统企业能否安然渡过难关,关键是要把握互联网转型的本质和规律。

海尔、格力、苏宁、荣昌洗衣等传统企业正是插上互联网翅膀,为企业注入新的发展活力,从而提高了适应时代的竞争力。"互联网＋"时代,对于传统企业来说,唯有加快互联网转型,企业才有未来。

正确认识互联网经济的特征

今天,传统企业如何面对互联网的挑战、如何向互联网转型,很多企业家、专家、学者都在讨论。很多人都认为传统企业缺乏互联网 DNA,转型不可能成功,但我认为这句话只说对了一半。只要传统企业深刻理解互联网转型的本质,坚持做正确的事和正确做事,传统企业互联网转型也会走向成功。当然,如果传统企业转型仍以传统经济思维和模式进入互联网去竞争,那无异于鲨鱼爬到陆地上去跟豹子搏斗,肯定是要输的。因此,准备向互联网转型的传统企业,必须要理解以下几个互联网经济的特点。

1. 互联网经济的第一个特点,是用户体验至上。

互联网时代是一个消灭信息不对称的时代,是一个信息透明的时代。没有互联网的时候,商家与消费者之间的交易,以信息不对称为基础,消费者是弱者。通俗地讲,就是"买的不如卖的精"。各种营销理论都是建立在信息不对称基础上的，目的只有一个：尽可能把东西卖给顾客。

但有了互联网，游戏规则变了。在互联网条件下，用户是用鼠标投票的，鼠标一点就买你的商品或服务了，鼠标再一点又不买了，消费者拥有越来越多的话语权。基于信息不对称的营销，如大规模的广告投放等，其效果会越来越小，而如果你的产品或服务做得好，好得超出消费者的预期，即使一分钱广告不投，他们也会愿意在网上去分享，免费为你创造口碑。

例如，在国内经济型酒店趋于同质化的时候，一家知名品牌的连锁酒店率先在房间里配备了8个不同种类的枕头，以适应不同客人的睡眠习惯。这个创新成本不大，却超出了客人的预期，结果一传十、十传百，为酒店创造了良好的口碑。这就是好的用户体验。

2. 互联网经济的第二个特点，是基于免费的商业模式。

传统经济强调"客户（顾客）是上帝"。这是一种二维经济关系，即商家为付费的人提供服务。然而，在互联网经济中，不管是付费还是不付费的人，只要使用你的产品或服务，那就是上帝。因此，互联网经济崇尚的信条是"用户是上帝"。在互联网上，很多东西都是免费的，如看新闻、聊天、搜索、电子邮箱、杀毒，不仅不要钱，还要把质量做得特别好，甚至倒贴钱欢迎人们来用。

正是因为互联网经济基于免费的商业模式，用户才显得如此重要。

互联网上的产品和服务五花八门、多种多样，但其商业模式总结起来无非3种：一是在网上卖东西，如果卖的是有形的东西，那它就称为电子商务;二是卖广告,就是推荐第三方的产品和服务,如搜索引擎的推广链接;三是增值服务,就是向有需求的人销售个性化的产品和服务,如腾讯的 QQ 秀、游戏里的各种道具等。

但这 3 种商业模式,都有一个共同的前提,那就是必须拥有一个巨大的、免费的用户群。在互联网上,任何一项增值服务都只有百分之几的付费率,其余的都是免费用户。只有拥有一个巨大的用户群作为基础,百分之几的付费率才能产生足够的收入,以维持互联网企业提供免费服务,才有可能产生利润。换句话说,只有建立一个巨大的、免费的金字塔基座,才有可能在上面构造一个收费的塔尖。

因此,互联网经济强调的,首先不是如何获取收入,而是如何获取用户。这正是传统企业容易误读互联网的地方。很多企业进入互联网的时候,不是想着如何获取用户,如何为用户创造价值,而是一上来就想着怎么赚钱,简单地认为只要有了互联网的技术,有了互联网作为分销、推广平台,成功就会水到渠成。这样的认识一定会导致失败。

3. 互联网经济的第三个特点,是价值链创新。

淘宝通过免费开店,颠覆了它强大的竞争对手 eBay。360 通过免费,颠覆了收费的杀毒软件厂商。微信通过免费发信息,对电信运营商构成了巨大的威胁。但是,当互联网企业用免费模式颠覆原有的市场格局时,传统企业总是把这些互联网企业看成是骗子,认为这些互联网企业一定是先通过免费策略把竞争对手淘汰掉,然后再像它们一样收费。

互联网免费的商业模式，本质上讲是通过免费获取巨大的用户群，然后在此基础上创造新的价值链。微信不会收取短信费，它只要在庞大的用户群里推广游戏，或者推荐商品，就能轻松挣到比中国移动每年收的短信费还要多的钱。免费杀毒为360带来了巨大的用户群，在杀毒上360一分钱都不挣，但因为有相当比例的用户使用360的浏览器上网，或者使用360手机助手来下载各种手机游戏、手机软件，这就产生了巨大的流量。有了流量，360就可以产生搜索、导航、游戏应用商店等商业模式。

今天，互联网的"疯子"们又开始做电视、做盒子、做手表，实现跨界，一旦跟互联网结合，这些硬件将会是以零利润与传统企业竞争。这对未来只做硬件的厂商来说，几乎是灭顶之灾。为什么互联网硬件可以不赚钱？那是因为硬件不再是一个价值链里的唯一一环，而是变成第一环。电视、盒子、手表等互联网硬件虽然不挣钱，但变成互联网企业与用户之间沟通的窗口，只要这个窗口存在，互联网企业就能创造出新的价值链，就能通过广告、电子商务、增值服务等方式来挣钱。最后的结果是：只会生产硬件、卖硬件的厂商，可能只能变成代工者，赚取微薄的利润；而高附加值的价值链环节则被提供互联网信息服务的企业拿走。

当前，看一个产业有没有潜力，就看它离互联网有多远；看一个企业有没有竞争力，就看它与互联网融合得怎样。互联网转型，让我们积极应对新技术革命的挑战，积极拥抱互联网，适应互联网，引领互联网。

传统行业要加速互联网转型

我国互联网经过 20 多年的发展,取得了举世瞩目的成就,截至 2016 年 6 月,我国互联网用户规模已经超过 7 亿,达到 7.1 亿,普及率已达到 56.7%,移动互联网用户规模达到 6.56 亿。如今,"互联网+"热浪来袭。"互联网+"是创新 2.0 下的互联网发展新形态,互联网正在对零售、金融、教育、医疗、汽车、农业、交通、化工、环保、能源等行业产生深刻影响,对传统行业的升级换代将起到重要推动作用。

"互联网+"不仅仅是互联网移动了、泛在了、应用于传统行业了,而且加入了无所不在的计算、数据、知识,造就了无所不在的创新,推动了知识社会以用户创新、开放创新、大众创新、协同创新为特点的创新 2.0,改变了我们的生产、工作、生活和交往方式,也引领了创新驱动发展的"新常态"。任何企业都不能对互联网快速发展、人们消费习惯的改变熟视无睹,唯有积极拥抱互联网,主动求变,传统企业才有更好的发展,否则企业将被时代所抛弃。

互联网上曾流行一个段子:"邮政行业不努力,顺丰就替它努力;银行不努力,支付宝就替它努力;通信行业不努力,微信就替它努力;出租车行业不努力,滴滴快的就替它努力。"这个段子意味着传统企业做不好的话,必将被互联网公司所颠覆。但从另一侧面也倒逼传统企业要加快企业的互联网转型。

互联网通过信息技术革命,实现企业与客户的零距离,大幅降低信息成本,减少了交易成本。在此基础上,经济结构发生了巨大变化,由信息的去"中间化"而产生的颠覆对传统企业经营模式提出了严峻的挑战。更为重要的是,互联网转型是企业持续发展的一种不可逆转的趋势。作为大多数传统企业来说,为了使自己不被逼倒,也不得不跟随企业互联网化这一潮流。

正如海尔集团董事局主席张瑞敏所说:"没有成功的企业,只有时代的企业。所有的企业都要跟上时代的步伐才能生存,但是时代变迁太快,所以必须不断地挑战自我、战胜自我。"时代的变化无法预测,一脚踏空,企业可能就万劫不复。顺应时代,就是顺应汹涌的互联网潮流。因此,传统企业只有不断地去跟上"互联网+"时代的步伐,切实推进互联网转型,实现企业模式的创新,才能在互联网时代立于不败之地。

互联网转型是传统企业摆脱困境、实施创新驱动发展战略的内在要求。传统企业正在遭受互联网企业"打劫"!如今,我们很多行业企业的日子并不好过,成本上升、产能过剩、需求不旺、竞争加剧以及经营管理粗放、创新能力不足、赢利能力下降等问题叠加,企业发展很大程度上受传统模式影响还没有根本改变,这客观要求传统企业要用足"互联网+"这个大变量,使之释放出源源不断的新动能。如今企业面临的市场环境发生了深刻变化,也倒逼传统企业主动拥抱互联网,加快互联网转型,切实推进创新驱动战略,打造从内容到平台、到服务的新模式,去适应新未来,这是传统企业实现"凤凰涅槃"的必然选择。

如今,越来越多的传统企业走上互联网转型之路,互联网转型

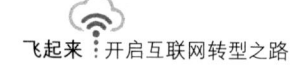

大势所趋。目前，已有不少大型传统企业内部开始了互联网转型。海尔就是其中之一，2012年底，海尔宣布正式进入网络化战略阶段，向平台型企业转型。2014年，海尔进一步提出"企业平台化、员工创客化、用户个性化"的"三化"战略主题，全面推动向平台型企业的转型。2013年12月海尔集团与阿里实行战略合作，借此向互联网公司学习；同时，海尔打造开放的创客平台，将集团分解为2 000多个自主经营体和200多家小微企业，提出人人都是CEO，等等。海尔在做的就是迎接新挑战，加快转型，努力将海尔打造成"互联网化公司"。面对移动互联网浪潮，万达集团积极拥抱互联网，大力推进O2O电商战略。2014年8月，万达集团与百度、腾讯合作成立万达电商，万达电商是一家电子商务公司，由三方共同投资约50亿元，其中万达持股70%，百度、腾讯各持股15%；2014年12月，万达集团战略投资快钱支付，将打通其O2O支付的环节，为未来进入互联网金融领域进行布局。

2015年4月，农业巨头新希望的董事长刘永好在沈阳举办的"2015中国绿公司年会"上表示，新希望将来不走"重"路走"轻"路，要用互联网思维养猪。所谓"重"路，即办工厂、买机器、招人马。新希望投资10亿元成立创新变革公司，拿出20%的股份搞创业合伙人，形成一种合伙人的制度，培养数以百计、数以千计的创业公司。新希望还将成立金融公司，来帮助农民取得贷款；成立担保公司，成立信托、保险等一系列金融机构，来帮助农村产业转型。

此外，传统制造业巨头美的牵手互联网新贵小米，推进去科层的组织再造，鼓励内部创业；TCL与腾讯、乐视合作，不断完善智能生态圈,加速推进"智能＋互联网"战略,开启智能电视新时代;苏宁从一家传统零售商向互联网零售企业转型,以"互联网＋"思维全面推进O2O模式,打造开放平台,如今苏宁互联网转型成效显著。

近年来,以BAT为代表的互联网公司加速由线上向线下延伸,通过战略投资和收购,进行战略布局,旨在打造强大的产业生态圈。毫无疑问,互联网与传统行业融合正在加快。面对互联网化浪潮,面对互联网公司的跑马圈地,我国传统行业更要有加速互联网转型的紧迫感和危机感,要赶上"互联网＋"这一大潮。

近年来,多元化的商业模式和互联网技术的日新月异,对许多企业而言,往往不是被对手打败,而是被趋势打败。如何实现互联网转型,如何布局互联网业务,是要大而全,还是先有再优,或是全方位进行变革,已成为众多企业的艰难选择。互联网所具备的开放、创新、平等、共享是传统产业所不具备的,因此应将互联网的精神注入传统产业,用互联网升级传统产业,而不是将传统产业彻底革命。

"互联网＋"时代,传统行业对于互联网的态度应是"积极拥抱"而非"消极抵触",应积极培养并深化"互联网＋"思维,主动进行思维模式和经营模式的自我颠覆与变革,加速行业的互联网化进程,实现"行业＋互联网"的深度融合,突破现有的发展"瓶颈",实现产品创新、技术创新、商业模式创新、机制体制创新和管理创新。

如今,互联网与传统行业融合不断加快,最后的趋势就是互联网行业消失,所有公司都将是互联网公司,平台化战略是必然选择。为适应未来发展,传统企业除了互联网转型别无选择。

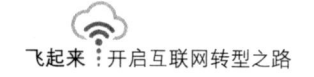

互联网转型的本质和特征

互联网的到来改变了旧的秩序，打破了传统的社会层级性、企业层级性，建立了新的秩序。随着互联网的到来，无论贫富，都可以在一个平台上进行交流。新的秩序改变了过去的等级和距离之分，打破了层级，消除了距离，让信息对称起来。所以，从这个角度来看，互联网本质上还是让整个管理、创新发生根本性的改变。

互联网具有"开放、创新、平等、共享"的精神，用互联网和"互联网＋"思维改造和升级传统企业是众多企业适应"互联网＋"时代的重要战略选择。近年来，新产品、新模式、新技术、新公司不断涌现，机遇和挑战同在。如今，我们面对的市场环境和客户消费习惯已经发生了深刻变化，互联网已经广泛渗透到各行各业，而且势不可挡，互联网正成为推动企业转型的重要力量。

互联网的本质是让沟通零距离、让信息更透明、让关系更密切、让交易更便捷，它通过摧毁原有的价值链，改变了人们固有的工作生活方式和价值理念，打破了企业传统的经营发展模式，对社会资源进行重新优化和整合。互联网不仅是一种工具，更是一种思维模式的颠覆，而且是一种社会文化导向。如今，我们正进入"互联网＋"时代，互联网转型的根本是实现思维模式的改变并付诸行动。所谓互联网转型，就是传统企业以"互联网＋"思维为指导，借助互联网技术、互联网的工具和方法，对企业进行彻底的脱胎换骨式的变革，从而使企业更好地适应市场环境的变化，促进企业持续健康

第三章 对互联网转型的认识

地发展。

互联网转型不是简单地应用互联网工具开设网站、利用微信等新媒体进行营销和服务以及在淘宝上开设网店,互联网转型的本质是适应互联网化发展趋势,要有"互联网+"思维,植入互联网基因,实现传统企业在组织效率、渠道、营销、技术、产品、产业合作、业务模式、运营模式、机制体制等方面的全面转型,并培育更多的新兴产业和新兴业态。如果你能把互联网首先当作一种意识、一种思维模式,然后你就会从用户的思维、人性的视角去考量,这样也许就能获得事半功倍的效果。如今,互联网转型不仅仅是将互联网当作工具、方法,更是一种思维模式的转变,这直接决定企业互联网转型的成败。

互联网转型是对企业传统模式的变革,互联网实现企业与客户的零距离,这需要传统企业改变以往的客户获取方式,利用新媒体开展互动营销;互联网的"去中心化"、"去中介化"的特征要求传统企业改变等级森严的组织模式,要建立扁平化的柔性组织;互联网转型要求坚持客户导向,坚持以客户为中心,更加注重客户体验;互联网转型坚持以人为本,强化创新精神,要求传统企业改变传统管理模式,尊重知识、尊重人才、尊重创新,建立市场化激励机制,营造良好的创新氛围,鼓励内部创新创业;等等。很显然,互联网转型是对企业固有的经营管理模式的一场革命和颠覆,只有切实把握互联网转型的本质和精髓,才能使互联网转型真正成为助推企业创新发展的加速器。

互联网转型是一项复杂的系统工程,涉及内容十分广泛,这注定互联网转型是一个渐进的过程，不可能一蹴而就。传统企业要学会用互联网思维来改变目前的经营管理模式，构建一套互联网转型运营体系，可以先从营销互联网化、产品创新互联网化开始做起，逐步上升到企业业务模式、生态系统、运营模式、机制体制创新和企业文化建设等方面的全面转型。

互联网转型没有一个统一的定式，因为每个企业所面临的环境和企业发展特点多种多样，企业要根据自身的实际状况、市场环境的变化、客户需求的特点及企业发展战略，科学制定，有序推进，而不能简单地照搬照抄成功企业的现有模式。例如：海尔互联网转型的核心是"企业平台化、员工创客化、用户个性化"，推进向平台型企业转型，努力将海尔打造成一家"互联网化公司"；小米互联网转型成功靠的是开展互联网营销，建立"米粉"经济，打造小米生态系统；苏宁的互联网转型以打造互联网公司为目标，大力推进O2O模式，打造开放平台，探索全新的互联网零售模式。

海尔集团董事局主席张瑞敏说过："鸡蛋从外部打破是食物，如果从内部打破则一定是新的生命。互联网时代对于传统企业而言，是一个必须自我颠覆的时代。"

互联网的迅猛发展以及"互联网＋"时代的到来对传统企业不仅仅是挑战，更是机遇。互联网带来的变革将是颠覆性的，传统企业唯有主动适应，高举互联网转型大旗，以只争朝夕的精神，攻坚克难，勇于创新，方能在"互联网＋"时代迎来更好的发展。

开启互联网转型之路

在浩浩荡荡的互联网浪潮之下,一面是互联网企业的高歌猛进,一面是传统企业"触网"的慷慨悲歌,奏响了一场大变革、大转型时代的绝妙交响曲。我们不必太关心王健林与马云的1亿赌约、董明珠与雷军的10亿赌约这两个"赌局"谁输谁赢,如果万达、格力不向互联网转型,必然是输家;如果能够基于原有资源优势并成功向互联网转型,则必然是赢家。这不是小米与格力谁输谁赢的问题,这是一场新商业与旧商业的博弈。当2015年淘宝"双十一"一天的销售额达到912亿元的时候,传统的零售业态该如何发展?当我们每天的媒体接触习惯变成使用微信等新媒体的时候,传统的报纸、电视媒体又该怎么办?当我们把钱都放在余额宝里并且刷手机来支付的时候,传统的银行网点还有多大存在的必要?当互联网深刻地改变人类生活的方方面面的时候,传统的商业形态必然面临变革,要么主动转型,要么被颠覆。无论是对于互联网公司,还是对于曾经居高临下的传统企业而言,都面临着一个大变革的时代。

在互联网巨头和创业者大量涌入互联网蓝海之时,很多先知先觉的传统企业已经开始布局、开始"触网",一路跌跌撞撞地尝试做电子商务、做新媒体营销,但似乎都没有太好的效果。于是,大家便患上了一种病——"互联网焦虑症",并且在"不明就里"的恐慌中摸索着。与此同时,传统企业的互联网转型引发了大量的资本关注。很多投资机构认为,一旦这些传统企业能够转型成功,目前已经足够

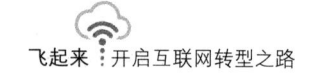

便宜的估值将迎来极大的提升空间。但问题是，传统企业的互联网转型，真的那么容易吗？你看到哪个企业已经算是成功转型了呢？传统零售行业受到电商冲击最大，那么多的零售企业，真正转型的或者说有转型成功迹象的，只有少之又少的苏宁云商、银泰百货等企业。大部分零售企业，要么转型的方向不明，要么积弊太多，失去了转型的动力，只能充当一只温水中的青蛙。

如今，几乎任何一个行业都在与互联网产生强关联。作为一家传统企业，不能用互联网的创新思维来指导和改造传统业务的话，结果必然会在游戏规则改变后失去竞争优势。当然，这一转型往往是难以完全由互联网阵营的企业来担当的，需要传统企业的自我颠覆和淘汰。互联网作为工具和新思维，会融入这场大变革的浪潮中来。

在国内企业界，家电制造企业被看作是向互联网转型的先行者。TCL集团宣布向互联网转型，发布了全新的经营转型战略——"智能＋互联网"与"产品＋服务"的"双＋"战略，并将施行"抢夺入口与经营用户"、"建立产品加服务的新商业模式"、"以O2O重构线上线下业务"的转型举措。

再看海尔，"传统制造企业以生产能力为中心的体系正在消解，海尔不再只是一个制造工厂，而在构建一个生态系统"。也正因为这个信念，海尔被业界称为从传统企业向互联网化企业转型的典型。2014年海尔物流体系正式与阿里合作，而且除了物流之外，在产品的生产制造环节海尔大量引入机器人，裁减一线人员。海尔还通过打造创客平台、自主成立小微企业等措施，来进行企业互联网化。如今，海尔从研发到生产、从营销到售后、从电商到物流，已进入一场全员性质的互联网模式革命中，它席卷了全海尔8万名员工，没有人可以置身其外。

作为零售企业的苏宁自2009年提出互联网转型以来，沿着"互联网+零售"的发展路径，即使面临利润下降、用户吐槽、投资者疑惑等诸多压力，仍对互联网转型进行了大量和超前的探索。苏宁制定了"一体两翼三云四端"的互联网路线图，2010年1月苏宁易购正式上线；2013年苏宁率先提出O2O模式，实现线上线下融合；2013年2月苏宁电器更名为"苏宁云商"，实现去电器化；2013年9月苏宁提出全面开放数据、金融、物流等平台，实现从企业的底层结构和经营模式上向互联网公司转型。如今，苏宁互联网转型取得了真正的成功。

TCL、海尔、苏宁等这些传统企业通过互联网转型取得了成功。在"互联网+"大潮下，互联网化带来的企业革命性改变是不以人的意志为转移的，互联网转型本质上是全面从以产品为中心转向以客户为中心、从流程驱动转向数据驱动、从延时运行转为实时运行、从领导指挥转为员工创新。将来每个企业都会是"互联网企业"、"数据驱动的企业"。

但对传统企业来说，互联网转型也面临较大的挑战，主要体现在：固守传统思维模式，路径依赖比较严重，一下子向互联网转型感觉不适应；对互联网转型本质缺乏全面的认识，只是建一个网站、搞电子商务，线下向线上简单延伸，互联网转型停留在表面上，没有从战略高度充分认识互联网转型的重要性，甚至一些传统企业认为互联网只是工具,不可替代实体经济,对互联网转型有抵触情绪;互联网转型核心是客户导向,始终与客户保持在线互动,然而传统企业离市场、客户较远;互联网转型需要一大批互联网技术、大数据分析、软件开发、新媒体营销等互联网人才,然而传统企业人才队伍结构不适应互联网转型的需要;还有一点就是很多人都在说的,传统企业缺乏互联网DNA,互联网转型难以成功……当然,我国传统企业在互联网转型过程中面临的问题远不止这些,解决这些问题的核心就是"要做时代的企业",重塑企业新的竞争优势。

正因为传统企业互联网转型面临诸多挑战,决定了传统企业互联网转型是一个长期艰苦的过程,绝不是一蹴而就的,需要顺应"互联网+"发展趋势,对企业生产、经营、管理进行全面创新和变革。

诚然,互联网转型是传统行业持续发展的大趋势,但传统企业在互联网转型时切忌过于盲目,不能过于神话"互联网+"。其实,传统企业互联网化并不是万能的,对于某些企业互联网化是"道",对于某些企业互联网化则是"术",企业在不同发展阶段的道与术是不一样的,企业如果盲目跟风,没有把握好企业发展的核心,早晚要"翻船"。这也正如华为创始人任正非所谈到的,"互联网虽然促进了信息的生产、交流、获取和共享,但没有改变事物的本质。互联网也不可能使一家公司的管理实现跨越"。

可以说,传统企业正式步入互联网"焦虑"时代。"墨守常规"与"颠覆创新"这两股力量并不是你死我活,更不是外界所言的淘汰和替代,而是建立相融的商业规则,建立一套新的商业体系、一个真正网络化的生态。传统企业互联网化转型没有捷径可走,只有将互网与企业生产、经营、管理实现全过程融合,切实回归商业的本质,也就是坚持以人为本,坚持客户导向,坚持做精产品,让产品为客户创造价值,互联网转型才可能取得成功。

互联网转型趋势不可阻挡,传统企业要发展得更好、更持续,开启互联网转型之路时不我待。

案例:苏宁向互联网零售转型实践

苏宁成立 20 多年来,经过了三次转型,从一家空调卖场转型到全家电品类大卖场,再转型到全国的大型家电连锁卖场,2009年提出向互联网零售企业转型。在 7 年的转型发展中,苏宁对互联网转型进行了大量和超前的探索,实现从弯道进入了直道,成效凸显,2015 年实现营收 1 355.48 亿元,同比增长 24.44%。可以说,苏宁是传统行业互联网转型成功的典型,也是苏宁多年来坚持努力的结果。

坚持互联网零售转型

战略决定成败,远见成就梦想。2009 年苏宁超越竞争对手成为全国家电连锁的老大,当年苏宁 CEO 张近东就提出苏宁要从传统的家电零售商向互联网企业转型,可以说转型是苏宁在企业发展最好的时期做出的抉择。2010 年苏宁易购上线时是苏宁连锁店发展最快的时期,但是苏宁清醒地看到互联网的趋势不可阻挡,于是决心突破自我,开始不辞艰辛地涉足互联网零售。7 年

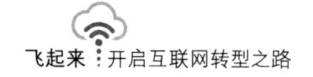

来，苏宁沿着"互联网＋零售"的发展路径，即使面临利润下降、用户吐槽、投资者疑惑等诸多压力，苏宁始终坚持互联网转型，默默耕耘、苦练内功，所有工作都围绕互联网零售商这一战略定位展开。正是因为苏宁超前的战略眼光，为苏宁赢得了转型的时间，更是顺应了如今"互联网＋"浪潮。

实现企业更名，加速互联网转型。2013年2月苏宁电器更名为"苏宁云商"，实现去电器化，从传统家电拓展到全品类经营。苏宁通过"去电器化、全品类"，开拓了企业视野，打破了限制传统企业发展的"天花板"，为企业转型发展拓展了更大的空间。苏宁更名，意在提醒自己，苏宁不再是原来的苏宁，而是一种新型价值创造模式的重塑。

制定"一体两翼三云四端"的互联网转型路线图，从而确保苏宁沿着互联网转型之路前进，并率先在行业内实现了线上线下相互融合。"一体"就是以互联网零售为主体；"两翼"就是打造O2O的全渠道经营模式和线上线下的开放平台；"三云"就是建立面向供应商和消费者以及社会合作伙伴开放的物流云、数据云和金融云；"四端"就是实现门店端、PC端、移动端、家庭端"四端"全渠道融合。

打造全方位O2O模式

苏宁互联网转型的核心是打造全方位的O2O模式，苏宁互联网转型也是不断探索O2O模式的过程。在近7年的互联网转型发展中，苏宁对互联网零售的O2O融合模式进行了大量、超前的探索，O2O模式转型实现了从"＋互联网"到"互联网＋"。

强化线上运营。在"＋互联网"上,首先是2010年2月"苏宁易购"上线,开发PC端、移动端和收购PPTV,并进入TV端。其次是"＋商品",不仅是把线下的商品搬上网,而且打造开放平台,拓展适应互联网平台的品牌和品类。2013年9月苏宁免费开放平台"苏宁云台"上线,秉持"双线开放、统一承诺、精选优选、免费政策"四大原则,加快了开放平台的建设和经营品类的拓展。如今,苏宁建立起覆盖电器3C、超市、母婴、百货、金融、文化等不同消费特性产品的全面组合,平台商品不断丰富。截至2015年底,商品SKU数量达2 000万,较上年增长152.8%。最后是"＋服务",苏宁不仅重新构建了线上的运营服务,还打造了金融云、数据云和物流云。近年来,苏宁线上运营表现突出,2015年线上GMV为502.75亿,同比增长94.93%;移动端运营能力不断提升,移动端订单数量占线上整体比例由2014年的32%提升到2015年的60%,2015年零售体系会员总数达2.5亿,同比增长61.3%。

强化线下门店建设,加速农村网络布局。苏宁坚持继续发展实体门店,作为互联网时代O2O融合零售的核心一环,苏宁在店面布局进一步优化的基础上,以消费者购物体验为中心,运用互联网技术再造实体门店,使过去单一销售导向的实体店,向销售、展示、体验、服务综合功能升级,实施门店互联网化,打造场景式体验的云店,云店承担着苏宁易购落地、用互联网手段与用户交互、服务周边社区人群的职能。截至2015年底,苏宁体验式门店已经发展到42家。同时,针对各大电商巨头抢占农村市场的举动,苏宁也加大了对农村电商的拓展,在全国各地迅速铺开苏宁易购直营店和加盟店,抢占市场。截至2015年底,苏宁线下共有店面1 638家,苏宁易购农村直营服务站数量达到1 011家,加盟服务站数量达到1 430家。

大力拓展线下物流。电商之间的竞争从价格竞争上升到生态系统的竞争,其中物流体系成为电商竞争制胜的关键。为此,苏宁成立了专业的物流公司,建立和完善物流体系。2014年,苏宁物流推出急速达、半日达、一日三送等特色化产品,不断完善覆盖城市及农村市场的物流网络布局,持续推进物流系统的优化迭代。目前,苏宁"物流云"已经正式全面对社会开放。2014年4月,苏宁物流门户网站"苏宁快递"正式上线,并向第三方开放。苏宁物流平台已经有包括创维、志高、美的、华润太平洋等在内的多家知名企业入驻。

强化线上线下融合。2013年6月,苏宁正式实施双线同价,逐步得到了消费者和供应商的认可和支持,从而打破了阻碍O2O融合的最后一个壁垒,不仅打破了网购低价的传统印象,更让所谓的"左右互搏"变成"左右逢源"。

总之,苏宁通过持续优化苏宁易购、实体店互联网升级、开发多种移动端应用、收购PPTV等,实现了电脑端、门店端、移动端、TV端的多渠道融合;通过组织流程再造、供应链体系融合、门店互联网基础设施升级,建立起全渠道的O2O融合,实现了组织与人员、渠道与商品、流程与体验、营销与推广的全面融合。

打造互联网零售生态圈

苏宁互联网转型的成功,其核心是打造线上线下融合O2O模式的成功。探寻苏宁O2O模式转型成功的背后,实际上是苏宁构建互联网零售生态圈的野心。

坚持面向合作伙伴全面开放。互联网经济的重要特征是开放和共享,苏宁全面互联网化本质上就是坚持开放,实现企业资源最大限度的市场化和社会化。苏宁坚持开放主要体现在:坚持线上线下双线开放,苏宁双线开放对商户更具吸引力,无疑为进驻开放平台的商户提供了品牌展示、销售推广的最佳渠道;坚持线下物流的开放,如创维、志高、美的、华润太平洋等多家企业就已经开始使用苏宁的物流了;苏宁将对大数据深度挖掘的能力向合作伙伴开放,从而集聚品牌商、零售商和第三方服务商的资源与智慧,为消费者提供丰富的商品选择、竞争性的价格和个性化的服务体验,从而实现商流、物流和资金流的整合;与海尔、华为、TCL、中兴等知名企业进行C2B联合办公,快速响应市场;同时,苏宁接入大量平台企业,打造苏宁互联网零售生态圈,为合作伙伴提供全方位的服务。

开展战略合作和对外投资,不断提升生态系统的竞争力。这主要体现在:一是积极与互联网公司合作。如2015年8月,阿里巴巴以283亿元战略投资苏宁,双方将在电商、物流、售后服务、门店、O2O等领域展开合作,苏宁可以利用阿里电商的入口进一步强化O2O战略布局。二是积极开展战略联盟。如2015年9月,苏宁云商与万达商业开展战略合作,苏宁易购云店等品牌将进入已开业或即将开业的万达广场经营,双方将共同探索全新的商业零售定制模式。与万达商业的战略合作,更加强化苏宁线下的消

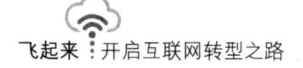

费体验，通过线上线下深度融合，运用互联网平台向线下实体店开放无限量的商品、服务，创新苏宁易购云店模式。三是开展战略投资和收购，壮大生态圈。如2012年9月收购红孩子，2013年10月苏宁联合弘毅投资4.2亿美元战略投资PPTV，收购后者约74%的股权，其中苏宁占到44%，成为PPTV第一大股东，苏宁由此进军网络视频行业，同时，苏宁于2014年2月对PPTV进行独立公司化运营，旨在加速推进视频内容发展，进一步拓展电商的入口。2016年1月，苏宁旗下苏宁润东以19.3亿元投资努比亚，苏宁与中兴进行全球全面战略合作，内容广泛涉及智能手机、云计算、大数据、通信设备、智能家居等多个领域，双方将在互联网入口、生态建设、O2O渠道销售和海外市场拓展等方面进行多维度的合作，此外，苏宁还战略投资或收购日本Laox、江苏苏宁足球俱乐部。四是围绕生态圈的升级，加大投资力度。2016年3月30日，苏宁投资集团在上海陆家嘴成立。依托投资集团，苏宁将能够更加有效地借助资本的力量，加快对外投资的步伐，完善产业生态圈的建设，不断提升苏宁整体的竞争力。

加强供应链建设，为合作伙伴提供贷款支持。通过与供应商建立战略合作伙伴关系，以及信息系统的构建，达到风险共担、信息共享、共同获利，最终达到共赢。与苏宁合作的中小供应商超过3 000家，这些中小供应商从苏宁获得了超过260亿元的贷款。

苏宁通过投资和并购打造电商新入口，通过成立虚拟运营商"苏宁互联"，实现移动发展与自身优势相结合，通过易付宝第三方支付形成商业闭环，在电商生态基础上，拓展移动通信、智能家居、互联网金融、视频内容。可以看出，苏宁正形成相互支持的内部生态，这是苏宁立足市场、推进互联网转型的强大力量。

实行组织变革和创新

苏宁互联网转型，不仅表现在业务模式、供应链建设、打造物流体系上，在组织模式变革和创新上的积极推进，是苏宁互联网转型取得成功的关键。在组织模式变革上，苏宁的主要做法是：

第一，进行组织架构的调整和优化，突破组织壁垒。从2013年开始，苏宁全面推行事业部制，现在苏宁拥有30多个事业部，并推进事业部公司化运营。2013年2月，进行组织架构调整，成立商品经营总部、电子商务经营总部和连锁平台经营总部，2014年2月又将连锁平台经营总部和电子商务经营总部合并成大"运营总部"，从而打破组织之间的壁垒，同时成立8家独立公司，包括物流、红孩子、苏宁超市、PPTV、金融、电信、商业广场等。这些调整意味着苏宁正在将以往庞大的组织细化成一个个细小的经营单元，以每个小的经营单元作为一个小团队，以加快对市场的响应速度。

第二，内部管理上，组织进一步扁平化。鼓励内外协同、跨界组合，强化团队合作；加大事业部、大区、经营单元的授权，进行决策权、用人权、财权的"三权"下放，赋予它们更大的经营管理自主权，由此形成"平台共享＋垂直协同"的经营模式，以此推动线上线下O2O融合发展和全品类拓展。

第三，实行激励机制创新，最大限度地激发员工创新活力。激发员工的内生动力，让员工有强烈的归属感和认同感，这是苏宁云商加强人才体系建设的重要内容。2014年8月,苏宁设立1千万元的互联网创新奖励基金,意在全力支持团队微创新,激发苏宁员工的创新热情和激励员工自下而上推动公司变革的动力。2014年1~11月,苏宁员工提交的创新方案达到1 079份,这充分显示了苏宁员工内在创新动力得到激发,也显示了员工对苏宁的未来充满信心。苏宁还推出员工持股计划,实行股权激励,股权激励范围逐步扩大,不仅包括中高层员工,还包括IT研发人员、互联网运营人员和一线店长。

第四,打造适应互联网转型的人才队伍。全球著名管理大师杜拉克认为:企业的资源包括很多,但真正的资源只有一项,就是人力资源。加强人才队伍建设,苏宁主要从以下几个方面着手:一是加大对员工的培训。2013年苏宁对100万名员工进行了系统培训,2014年培训的员工达到150万人。二是建立2 000万元的人才发展基金,将企业人才"送出去",包括出国考察、行业交流、高校深造,旨在打造一流的人才队伍,全面提升管理人员素质。三是推出"管培生"计划,带动人才年轻化。对于正在全面推进互联网转型的苏宁来说,需要大量引进知识型、专业型、开放型的互联网人才。为此,苏宁推出"管培生"计划,加大校园招聘,旨在引进一批综合能力强、积极上进、充满事业心的优秀毕业生。

第五,进行企业文化再造。从苏宁的企业文化上我们看到:苏宁的企业服务宗旨定位为"至真至诚,苏宁服务。服务是苏宁的唯一产品,顾客满意是苏宁服务的终极目标"。"先造就人,然后造就企业和事业。人品即事品,人成则事成。"苏宁的人才观定位为"人品优先,能力适度,敬业为本,团队第一"。为鼓励创新,苏宁包容失败,不降薪不降职,真正做到在创新方面让能人不怕、新人无忌。在苏宁是依靠团队协同作战,而不是依靠一两个人,员工的事业心、对企业的忠诚度是苏宁关心的首要问题。员工服务于企业,企业服务于社会,企业通过社会的回报来回报员工,员工通过企业的利益来实现个人的利益,这是苏宁企业文化的价值观。

七年来的互联网转型实践,充分展现了苏宁向互联网转型的不断深化。互联网思维已融入苏宁生产、经营管理的每一个环节,苏宁运用移动互联网、云计算、大数据等技术越来越娴熟,线上线下、流程与体验、前台后台每个环节都全面互联网化,苏宁适应互联网快速创新的组织架构和管理体系都已经脱胎换骨,传统的零售苏宁已经转型成为全新的互联网苏宁,苏宁互联网转型由弯道进入了直道,而且正在加速,这是传统行业对"互联网+"的一次成功实践。

第四章

互联网转型基本要求

如今,互联网思维、互联网+、大数据、微信等众多热点引爆了整个互联网,互联网经济正以排山倒海之势对我们社会经济发展的各个方面产生深远的影响,互联网技术的发展已经改变了人们的生活,改变了人们的交往,改变了人们的购物和消费模式,也冲击着传统行业。任何企业都不能对互联网快速发展、人们消费习惯的改变熟视无睹,唯有积极拥抱互联网,主动求变,传统企业才有更好的发展,否则将被时代所抛弃。

曾经辉煌的巨头诺基亚、摩托罗拉、黑莓、柯达、雅虎以及日本家电巨头,如今从巅峰跌入谷底,甚至落得被收购或倒闭的结局……这些成功企业为什么会失败?当然原因有很多,其中三个主要原因是:企业缺乏危机感;固守传统优势,不能顺势而为,对新技术、新产品、新趋势反应迟缓;企业战略决策失误。这些失败教训对正在实施互联网转型的企业来说无疑具有借鉴意义。

海尔集团董事局主席张瑞敏说过:"鸡蛋从外部打破是食物,如果从内部打破则一定是新的生命。互联网时代对于传统企业而言,是一个必须自我颠覆的时代。"传统企业要实现自我颠覆,就必须增强危机感,顺势而为,用未来看现在,不断提升企业决策能力。

学习互联网公司的"怕死"精神

移动互联网是最具有创新精神、最有活力的产业,移动互联网时代,新公司、新业务、新模式不断涌现,不创新、没有永不言败的精神必将被淹没在广阔的蓝海中。以 BAT 为代表的中国互联网企业不断变革、快速行动和持续创新,给产业界留下了深刻的印象,正因为如此,推动这些互联网公司滚滚向前,所向无敌。

我们不妨看看 2013 年 BAT 三大公司在做些什么,从中又能悟出什么道理。

2013 年 BAT 大事记

- 2013 年 1 月,阿里巴巴对现有业务架构和组织模式进行了调整,成立 25 个事业部,实现由"大"变小。
- 2013 年 4 月,阿里巴巴以 5.86 亿美元购入新浪微博 18% 的股份。
- 2013 年 4 月 2 日,阿里巴巴正式签约收购移动应用服务平台友盟,交易价格约为8 000万美元。

- 2013年5月7日,百度以3.7亿美元收购PPS。
- 2013年5月10日,阿里巴巴投资2.94亿美元收购高德软件约28%的股份。
- 2013年5月,阿里联合银泰集团、复星集团、富春集团、顺丰、申通、圆通、中通、韵达成立菜鸟网络科技有限公司,打造"中国智能物流骨干网"(CDN)。
- 2013年6月,百度又一次对组织架构进行调整,组建"前向收费业务群组",成立"搜索业务群组"。
- 2013年6月,阿里巴巴推出"余额宝",用户可以直接购买基金等理财产品,从而掀起了互联网金融的热潮。
- 2013年7月,百度以19亿美元收购91助手。
- 2013年7月,腾讯宣布旗下移动互联网产品微信用户突破4亿。
- 2013年8月28日,百度和高德同一时间宣布其手机导航应用免费,并由此引发了持续多日的"高百大战"。
- 2013年9月,阿里巴巴隆重推出类微信产品"来往"。
- 2013年9月,腾讯以4.48亿美元入股搜狗36.5%的股份。
- 2013年9月16日,腾讯市值突破1 000亿美元,成为中国首家市值超过1 000亿美元的互联网公司。
- 2013年10月,腾讯微视正式上线,意在抢占移动互联网短视频入口。
- 2013年10月,百度联手华夏基金推出一款名为"百发"的理财产品。

● 2013年11月1日,淘宝基金店销售平台上线,已合作的基金公司达到17家。

● 2013年11月6日,由中国平安、阿里巴巴、腾讯共同出资成立的众安在线财险公司正式上线运营,成为国内首家互联网保险企业。

从以上大事记来看,BAT为适应移动互联网发展积极布局,进行组织架构的调整,克服大企业病,以提高组织的柔性;围绕未来发展进行布局、打造生态圈和抢占移动互联网入口,善用资本经营之手,提高企业竞争力和满足客户需求的能力;还有就是为了有效应对竞争,BAT进行战略布局,快速行动。BAT已十分强大了,为什么还要"玩命"地干呢?

分析下来,最关键的原因就是BAT具有"怕死"精神。比尔·盖茨曾经说过:微软离死亡只有180天。任正非则指出:华为明天就会死亡,能够拯救华为的只有华为人自己。在2016年5月召开的全国科技大会上,任正非说:华为正处在攻入无人区的迷茫中。马化腾曾说过:市值高了,也很恐怖。三星董事长李健熙在1997年出版的一本书中写道:一家成功的企业需要有强烈的危机感,这样在业务好的时候也能做到向前看,能够对市场变化做出快速反应。正是因为强烈的危机感,从而促使这些企业不断创新,做优做大做强。

古人云:生于忧患,死于安乐。只有时刻具有危机感,企业才会没有危机;没有危机感,企业就会有大危机。

是的，只有企业"怕死"，才会有取之不竭的动力去不断创新和变革，才会不断根据市场环境的变化采取更加积极的策略，才会不断根据客户需求的变化加快产品创新速度。企业唯有具有"怕死"精神，才可能生存和发展下去。一旦企业没有了"怕死"精神，那就离衰亡不远了。柯达、诺基亚、摩托罗拉等公司的衰败就是沉醉于昨日的辉煌，而不具有"怕死"精神，最后导致它们走下神坛。

互联网转型是传统企业持续发展的根本出路。面对"互联网+"、"双创"浪潮，传统企业若不抓住机遇、转变发展方式、深化企业改革、拓展新的市场，企业持续发展将失去动力，企业也就没有灿烂的明天。因此，对于传统企业来说，加快互联网转型刻不容缓，这需要我们学习和借鉴互联网公司的"怕死"精神，要时刻绷紧创新的心弦，时刻保持使命感、责任感、危机感和"饥饿感"，并传递到每位员工。唯有如此，企业才有可能一直保持蓬勃向上的发展活力。

顺应互联网大势

周敦颐《通书·势》写道："天下，势而已矣。势，轻重也，极重不可反。识其重而亟反之，可也。"意思就是要把握趋势，顺应大势，不可抗拒历史潮流；否则，逆势而为，必将付出惨重的代价。

几乎没有人不懂得顺势而为的道理，但对"势"认识不够。其实这里的"势"更多指的是"趋势"，而不是"优势"。时代在变、环境在变，不管是企业还是个人都需要不断改变去适应这个社会。今日的优势，会随着明日环境的变化而化为浮云。历史的长河中，有多少曾经红极一时的企业面对环境的变化仍抱着固有的优势不放，从而与趋势失之交臂，走向失败的泥潭。

什么是当下真正的趋势呢？2013年最后一天，华为发布了《用数字赢未来，数字化重构新商业》的行业趋势报告，指出：未来，如果你不是一家互联网"高科技企业"，就没有生存空间。这更加说明当下真正的趋势就是互联网，尤其是"互联网+"。任何企业都必须顺应互联网大势，与真正的趋势"共振"，企业才有未来。

互联网大潮带来的强烈冲击，使得有些传统行业和企业不知所措，茫然甚至惊慌。"以阿里巴巴为代表的电子商务兴起的背后，是大批实体店的倒闭"、"滴滴出行的兴起，抢走了出租车司机的饭碗"等论调此起彼伏。在一些传统行业看来，互联网就是搅局者、破坏者和颠覆者。

互联网不仅仅是基础设施，更是全新的思维模式。互联网的核心是"突破时间和空间的连接"，成为电力一样的基础设施，极大地提高效率和降低成本。但是，互联网的价值远不止于此，更大的变革和深远影响来自思维方式的变革，是一种全新的思维模式，其核心是以"全连接和零距离"来重构我们的思维模式，人与人之间、企业与客户之间、商业伙伴之间，都是全连接和零距离。

因此，企业的思维模式、商业模式、营销模式、研发模式、运营模式、服务模式、管理模式等，都必须以互联网的时代特征为出发点进行重构，而不是仅仅把互联网作为工具叠加在传统模式之上。其中，思维模式的重构是第一位的，因为思维模式是行动的指南。

趋势不是用眼睛看的，是要用眼光来判断的。谁抓住了趋势，谁就抓住了未来。回顾阿里巴巴闯荡商海的经历，可以说，其成功的一个重要方面就是"拥抱变化，顺势而为"。当年，马云在创业的时候，意识到互联网会影响中国、改变商业形态后，便义无反顾地拥抱这一未来必然发生的变化，并为此不懈努力，参与创造了这一变化过程，缔造出中国电子商务领域的世界级领军企业。2016年3月21日14时58分37秒，阿里巴巴2016财年电商交易额突破3万亿元，同比增长27%，相当于全国消费品零售总额的10%，成为全世界最大的零售平台。

当前，世界经济在换挡变速，中国正处于"三期叠加"期。传统的要素驱动难以持续、人口红利正在消失，暴露出的问题日趋严重、新的动力源亟待重构，中国这个最大的发展中国家也在更换"发动机"。作为自工业革命以来影响最为深远的技术革命，互联网催生了新技术、新产品和新模式，催生了新经济增长，其对经济增长的贡献将超过以往的技术变革。互联网经济仿佛是一块新大陆，正吸纳和改造着旧大陆的种种要素，塑造出日新月异的经济版图和商业生态。更重要的是，与主要依靠不断追加要素投入而实现增长不同，互联网经济体拥有巨大的网络效应和协同效应，能在相当一段时间内避免传统经济增长模式固有的边际报酬递减困境。

2015年的"政府工作报告"中，首次提出要"制订'互联网＋'行动计划，推动移动互联网、云计算、大数据、物联网等与现代制造业结合，促进电子商务、工业互联网和互联网金融健康发展"。"互联网＋"就是要把互联网与各行各业结合起来，从而创造一种新的业态，比如互联网金融、互联网交通、互联网医疗等。腾讯公司董事会主席马化腾表示:"互联网+"不会颠覆原有行业,而是鼓励产业创新、促进跨界融合,通过对原有行业的升级换代,释放出新的增长动力。

互联网具有降低交易成本、促进专业分工和提升效率等特点,无论是企业还是政府都可以从"互联网+"中获益。现阶段发展较为成熟的是互联网与零售、通信、金融等行业的结合,但互联网已经从第三产业向第一产业和第二产业渗透,例如工业互联网开始从消费品向装备制造、能源和新材料等领域扩张。目前来看,真正的问题不是互联网对于传统行业的冲击和搅局,而是能够发展"互联网+"的企业还是少数,大多数的企业处于摸索阶段。

互联网对传统行业的影响,就像雨水对大地的渗透一样,遵循着由表及里、由浅入深的规律。随着移动互联网、云计算和大数据等技术的普及,互联网正步入传统行业的核心地带,传统行业也在全方位向互联网转型。双方的深入融合和创新,将是我国经济增长新的动力源泉。

顺应互联网大势,要求传统企业要以互联网思维为指导,运用互联网技术、先进ICT技术进行组织重构、运营重构、模式重构和技术重构,用趋势建立优势,这是每一个企业和行业赢得未来的必然选择。更为重要的是,传统企业在趋势面前不能固守传统优势,千万不能狂妄自大,不可高枕无忧,要时刻警惕着明天的变化,窥视着未来的趋势。

如今,越来越多的传统企业顺应"互联网+"的大势,高举互联网转型大旗,纷纷"触网",拓展电子商务,开展新媒体营销,探索线上线下的有效融合,打造开放平台,建设智能工厂,等等。我们相信,只要传统企业遵循规律,顺势而为,重塑新优势,切实推动创新驱动发展战略,加快拓展新市场、新产品,实现机制体制创新和突破,始终走在互联网大潮的前沿,企业转型之路就会越走越宽。

遵循客观规律

当前,我国经济新常态特征明显,经济下行压力较大,传统企业互联网转型是适应新常态、"互联网+"发展的客观要求,是激发企业内在活力的重要手段。互联网转型要取得成功,就必须遵循市场经济规律,按规律办事。

遵循市场经济规律,首先要认识规律、把握规律。这个规律是事物发展过程中客观的、内在的本质必然联系,是不以人的意志为转移的。无论人们主观上能不能认识到规律,它就在那里并必然发生作用。

在经济领域,有价值规律、竞争规律、供求规律、客户导向规律;在信息技术领域,有摩尔定律、梅特卡夫法则、Hype Cycle 定律;在互联网经济领域,有两家法则、生态规律、平台经济规律、网络效应规律和免费模式;在社会领域,有生产力和生产关系辩证关系原理、经济基础与上层建筑辩证关系原理和人性发展规律……这些都是人类智慧的总结,也是人类思想史上的宝贵财富。

遵循规律,客观要求企业认识规律、利用规律,不能违背规律,要实事求是,按规律办事;遵循规律,要求企业以科学发展观为指导,实现科学发展、创新发展、转型发展和引领发展;遵循规律,要求企业更加自觉地掌握运用规律,全面科学地分析和认识自身面临的形势,准确地发现企业发展重要而突出的问题,从而牢牢把握企业发展主动权;遵循规律,要求企业守法经营,要从粗放式经营向集约式经营方向转变,转变发展方式,提高创新能力。

"两家法则"要求传统企业在进入互联网领域时要增强发展的危机感和紧迫感,努力做到行业领先;打造开放平台要求企业在推进互联网转型时,要以打造开放平台为目标,加强产业合作,构建良好的产业生态系统;免费模式要求企业在发展新兴业务时不能一上来就收费,这客观上要求企业积极探索免费的商业模式,在免费模式做大用户规模的基础上探索增值业务及后向经营、线上线下融合等赢利模式;网络效应规律要求企业在平台经营时,制定平台游戏规则,要努力做大用户规模,提高用户黏性;生产力和生产关系相适应规律要求传统企业要实现组织模式的变革,由集中式组织模式向分布式组织模式转变,实现由大变小,建立柔性化组织,强化组织协同,以适应技术、市场、业务、竞争等市场环境的变化。

企业要发展,就必须遵循创新发展规律和人才发展规律,坚持以人为本、以用为本,强化技术创新,实现技术驱动和市场驱动的有效结合,尊重知识、尊重人才、尊重创造、尊重价值,宽容失败,积极营造创新文化,不断激发广大员工的创新活力。

如今,企业在推进互联网转型、全面深化改革的过程中,必将出现许多新问题、新难点,必将面临更大的挑战,这些都需要我们更加努力地学习研究、更加自觉地掌握和运用规律。不按规律办事,必将受到规律的惩罚,企业发展也将因此受阻。例如,我国电信运营商在进入移动互联网等创新领域发展创新业务时，一上来就想当年投入就有产出，就向用户收费，在互联网免费大行其道之时，收费会吓走用户，这是违背互联网免费模式的必然结果；又比如，企业在推进研发创新体系建设过程中，过分强化 KPI 考核、强管理、重集约化、不注重提升自主研发能力、不尊重人才等做法都是违背创新发展规律的，必将扼杀企业的创新活力。

当前，我们正迎来"互联网＋"时代，企业发展将面临更大机遇，要能获得更好的发展，就必须深化互联网转型，科学认识把握规律，自觉遵循经济发展规律，切实做到按规律办事。唯有如此，企业发展才能突破"瓶颈"，企业才能借"互联网＋"的东风，破浪前行。

用未来看现在

2016 年全国两会通过了《国民经济和社会发展第十三个五年规划纲要》，伴随着新一轮发展规划的确定，我国传统行业将面临哪些变化？该如何快速跟进呢？

不要用过去的思维框定未来，而要用未来的眼光看待现在。成功者善于每天从零开始，失败者则总是生活在过去。今天你不够成功，一定是你过去的思维不够成功，不成功的思维决定不成功的行动，不成功的行动导致不成功的结果。一个人只有具备了超前的思维，才可能会有超棒的未来！一个人是这样，同样对于企业也一样，必须用未来看现在。

无论是企业转型还是创业，或是做产品，通常有两种思路：一是站在现在看未来，二是站在未来看现在。我们太多人喜欢总结，喜欢看过去，分析现状，过去的成功经验、固有的优势很可能是成为你未来成功的羁绊！你今天看得懂的，是昨天和大家都熟悉的事；你看不懂的，是明天和少数人才明白的事；创新和颠覆的是后天的事。回忆昨天的人很多，能把握未来的人很少！任何时代都不乏跟随者，但只有开创者才能引领时代！

过去很多传统大咖看不上互联网，把互联网看成一个垂直行业，认为是一群毛孩子忽悠 VC（风险投资）的烧钱游戏。但是，为什么互联网在快速改变很多行业？未来的移动互联网已不再是个垂直行业，它水平地对传统行业带来颠覆和重塑。未来互联网之所以势不可挡，就是因为它把很多似乎不关联的东西连在了一起。在 PC 互联网时代为什么没有那么大的力量？PC 互联网其实没有把人连起来，只是把电脑连起来了。电脑只是一个生产工具，它最多改变了信息查找的方式；而移动互联网，它把每个人和每件事都连接了起来。

最近一两年来，这个世界好像变得非常陌生，我们原来非常熟悉的商业模式在改变，原来非常熟悉的赢利模式也在改变，消费者习惯正在改变，一切都在变化。这是一个最坏的时代，也是最好的时代。企业要转型成功就必须把握未来，迎接一个崭新时代的到来。

下面让我们通过世界著名富豪哈默的一个案例来说明用未来看现在的价值。

案例：哈默酒桶厂的成功

阿曼德·哈默出生于美国纽约的布朗克斯，其祖父是移居美国的俄国犹太人。他的一生往来世界各国，有很多精彩的企业管理案例。敏锐的嗅觉和睿智的判断力使哈默有机会走进开始完全陌生的威士忌酒行业并取得非凡的成就。1931年，哈默从苏联回到美国，当时美国正在进行总统选举。哈默经过分析，认定罗斯福会获胜。哈默知道，罗斯福嗜酒如命，他如果当了总统，美国1920年所公布的"禁酒令"就会被废止（"禁酒令"规定：自己在家里喝酒不算犯法，但与朋友共饮或举行酒宴则属违法）。哈默考虑，一旦"禁酒令"被废止，各种酒类的消费量将会大幅提升，其中威士忌会最受欢迎，而威士忌是需要专用白橡木桶来进行贮存、运输的。哈默知道，俄国的白橡木产量很大，于是他打通进货渠道，很快在新泽西州建立了一个现代化的酒桶加工厂，取名为"哈默酒桶厂"。哈默在操作这一系列事情的时候，大选尚未进行。当他的酒桶厂建好的时候，正好是大选结果揭晓、罗斯福获胜的时候。当他的酒桶厂批量生产的时候，正好是罗斯福废止"禁酒令"的时候。这时候，生产威士忌的厂家很多，各酒厂的产量也随之直线上升，但成问题的是需要很多酒桶。哈默早已把酒桶准备好了。生产威士忌的酒厂很多，但大规模生产酒桶的只有"哈默酒桶厂"。于是，"哈默酒桶厂"的盈利大大超过了其他酒桶厂。

正因为其对未来趋势的准确把握，正是以未来看现在，进行酒桶厂的建设，哈默酒桶厂才大获成功。

我们正面临一个 VUCA（Volatile 动荡的、Unpredictable 不可测的、Complex 复杂的和 Ambiguous 不确定的）的商业环境，用未来看现在要取得成功的一个重要条件就是把握未来发展趋势，要有超前的判断力。VUCA 环境下，未来带有不确定性，要降低不确定性风险，更需要企业对环境进行深入分析，对技术、产品、市场、客户、竞争、政策变化有着清晰的认识，看准了趋势就要提前准备、做好布局、推进变革，这样才能赢得未来。

杰克·韦尔奇曾经说过："我深信，如果公司内部变革的速度赶不上公司外部变革的速度，失败就是不可避免的，只不过是时间早晚的问题。"在这个世界经济一体化、经济结构快速调整、市场竞争瞬息万变、商业模式不断创新的时代，只有那些高战略智商的聪明公司才有生存的可能，因为它们用全局的、发展的、有前瞻性的眼光去看待、思考问题，知道如何通过涅槃重生而保持在高速发展的轨道上，避免由于战略盲目、战略盲从、战略无能而导致企业折戟沉沙。

总之，在这变化动荡的世界，企业转型要获得成功，一定要站在未来看现在，企业要增强"站在未来安排现在"的前瞻意识，站在未来的支点上，引领自己的企业走向未来、创造未来、赢得未来。

第五章

回归产品，打造精品

中国经济增长速度由两位数变成了一位数，经济下行压力较大，传统企业受到极大冲击。有些企业到了产品升级换代的关口，产品创新面临巨大难题；有些企业受"互联网＋"的诱惑，匆忙应战，投入大量资源，涉入诸多领域，但结果还是搭不上互联网的快车；在经济萧条期，企业家不知道该怎么经营企业了。陷入困境的企业，究竟该怎么办？

企业规模越大，当环境变化导致企业发展面临问题时，往往不知从何入手一直困扰着企业管理者，有些企业从机制创新、企业文化建设、产品创新、品牌重建、商业模式创新、生态系统建设、体制改革、人员队伍建设等全线出击，但结果收效甚微。为什么？其中一个重要原因就是没有抓住企业发展的主要矛盾。我们认为，企业发展过程中应回归到产品这一本源上来,以产品模式创新带动企业转型变革,这样也就抓住了企业转型发展的"牛鼻子"。

回归产品——企业成功的利器

人靠绝活立身,企业靠好产品实现持续发展。因此,对于任何企业来说,要想活得"滋润",就必须打造过硬的产品,这是企业生存和发展的不二选择。

产品是企业持续发展的基础。企业发展靠什么,这一答案不言自明,就是靠产品,没有持续的产品创新,企业发展必将后继无力,最终走向失败。诺基亚固守功能性手机而对智能手机不屑一顾,最终被微软以可怜的 72 亿美元收购,从此在人们视野中消失。摩托罗拉、索尼等企业正是因为没有持续进行产品创新,市场反应迟缓,从而走下神坛。

越来越多的公司回归到产品正道上来。苹果公司发展成为市值最高的科技公司和品牌价值最高的公司,2015 年营业收入达到 2 337 亿美元,同比增长 28%。苹果公司取得如此辉煌的业绩就在于对产品创新的极致追求,而且每隔一年推出一款产品,苹果公司就是靠 iPod、iPhone、iPad 等几款产品赢得天下;小米专注于手机、机顶盒、路由器三款产品,通过专注、微创新、注重客户体验、打造生态系统、米粉互动以及饥饿营销,从而使小米步入快速发展的轨道,2013 年小米手机销售量达到 2 600 万部,2014 年这一数字达到 6 000 万部,2015 年突破 7 000 万部,市值超过 450 亿美元。像海尔、华

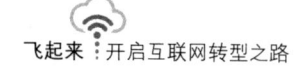

为、阿里巴巴、百度、宝洁等众多公司，都是紧紧抓住产品这一中心，以专注、极致、快速、微创新等互联网思维打造核心产品的。企业成功就这么简单。

以回归产品推动企业转型。苹果公司以打造极致的产品为核心，企业一切工作都是围绕这一中心开展的，如苹果的海盗文化、引进顶尖的产品设计人才、建立"硬件＋软件＋服务"的商业模式、引入对第三方开发者开放的 APP 模式、围绕提升产品竞争力开展的一系列收购等。腾讯为适应移动互联网时代的发展要求，紧紧围绕打造杰出产品这一中心开展工作，如 2012 年 5 月 18 日，腾讯围绕产品成立移动互联网、网络媒体等六大事业部，2013 年 1 月腾讯对移动互联网事业群进行调整，手机 QQ 和超级 QQ 调至社交网络事业群，手机游戏部门调至互动娱乐事业群；2014 年 5 月 6 日，腾讯成立了微信事业部，由张小龙担任事业部总裁，并围绕支付、电商、游戏、O2O 等开展资本经营，投资或收购活动频出。近年来，腾讯先后收购或战略投资的公司主要有同程网、艺龙、金山网络、华谊兄弟、滴滴打车、大众点评、京东、58 同城、四维图新、人人车、华南城、万达电商、易车网等。建立基于"模仿创新＋客户导向"的创新模式，关注客户需求，不断追求客户体验；推进内部产品创新的竞争机制，从而增加危机感，诞生出微信这一广受欢迎的产品；坚持开放合作，推进腾讯开放平台战略，腾讯开放平台已累计为开发者分成收入超过 200 亿元；拥有高素质的技术、研发和管理队伍，其中 80％以上为技术开发人员；等等。再比如，谷歌允许工程师以"20％时间"去从事研究个人非正式项目，形成工程师文化；3M、IBM、微软、谷歌等众多企业鼓励内部创新创业；等等。

我们发现，苹果、小米、谷歌、海尔、宝洁、3M、百度、奇虎360等众多企业都回归到产品，所有工作都是围绕打造杰出产品为中心开展的。以打造杰出产品为核心推动企业转型变革是这些企业走向成功的重要经验，更值得正在转型的传统企业学习和借鉴。

当今世界，没有好的产品，企业发展就是无源之水、无本之木。近年来，苹果公司再没有推出类似iPod、iPhone、iPad的惊艳产品，苹果公司创新不再，导致公司股价连续下跌，失去科技老大的位置。因此，回归产品就是回归根本，从根本做起，从根本出发，让产品带动企业发展，让差异化产品谋求企业在市场上立足，让创新性产品塑造企业的核心竞争力，这才是企业转型发展的根本出路。

所以，回归产品才是正路，只有在产品上精益求精、勇于创新的企业，明天才会更好！

透视产品同心圆

在如今复杂多变的市场环境下，能够取得成功的企业，一定是产品做得比较好的，正如上文所提到的苹果、小米等公司；反之，在市场中活得不够好的企业，一定是在产品创新上做得不够好，甚至有些企业不惜以假货、仿冒产品、粗制滥造的产品欺骗消费者。

产品是企业连接消费者的最终结果。产品做得好，一定是企业在某些方面做得十分杰出；产品做得不好，一定企业在某些方面做得不够好。到底是哪些方面呢？从产品同心圆中可以找到答案。

从企业发展表象来看，产品是根本、是圆心。图5－1是产品同心圆模型。从图5－1我们看出：

产品是圆心，公司发展战略是公司产品、商业模式、创新体系、运营机制的统领。如，产品创新、产品策略必须符合公司发展战略。

同心圆第一圈是业务模式，是决定产品好坏的直接指标。主要包括产品品牌、服务、价格、营销、渠道、广告、客户体验等。

同心圆第二圈是产品生态系统。生态系统竞争是市场竞争的最高境界。这主要包括商业模式、开放合作、平台经营、产业链合作、生态系统建设、资本经营。

同心圆第三圈是创新体系。主要包括研发体系、技术创新、创新创业和客户洞察。

同心圆第四圈是企业运营。主要是关于企业运营、管理、机制体制等方面的内容，包括运营管理、考核激励、流程制度、企业文化、员工队伍、组织模式、领导力建设、员工培训、机制体制等。

同心圆最外圈是关于企业性质、公司治理、产权制度和社会责任等方面的内容，这直接决定了企业在市场上的表现，如民营企业和国有企业在公司治理和产权结构上存在较大差异，决定了它们市场表现的差异。一个不具有社会责任的企业，可能以次充好、欺诈消费者，甚至违法经营，造成身败名裂，一蹶不振，严重的话导致企业破产倒闭。2016年"五一"震动全国的"青年魏则西之死"事件可能给百度带来较大的负面影响。做企业，不对客户负责，伤害客户感情，再伟大的企业也会衰败。

从这个产品同心圆模型来看，我们认为，成功的企业一定是在

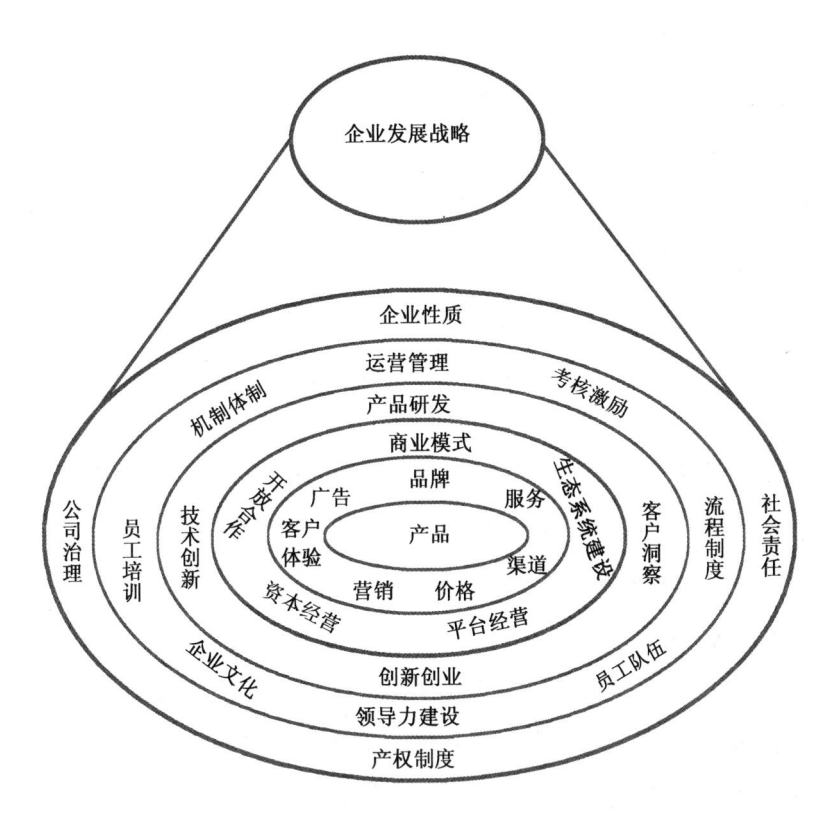

图 5-1 产品同心圆模型

这些因素中某几个方面做到了极致,如苹果公司在客户体验、生态圈、品牌、企业文化、员工队伍等方面做得非常好,从而取得了巨大的成功。华为手机之所以能实现后来居上,如今市场份额全国第一、全球第三,其"异军突起"的根本原因在于专注于中高端的产品战略、过硬的研发技术、强大的市场营销能力,以及始终坚持产品的高品质。反之,产品做得不成功的企业,一定是在这些因素中某几个方面做得非常不好或很差的。如两面针集团由鼎盛走向衰败,主要由以下几个原因导致：一是企业战略出现问题,盲目推行多元化战略。在鼎盛时期,两面针不是将主要精力放在改善两面针产品质量上,而是快速进入房地产、纸业、药品、卫生用品、药业种植、精细化工等不擅长的领域,等于把企业实力全部分散了,出现亏损也就不足为奇了。二是产品定位不清,没有为消费者清晰地提供中草药牙膏核心的利益点是什么。三是产品品牌老化,产品特点不够清晰,差异化不明显。四是领导不够有力,缺乏战略思维。如2009年由政府指派了两面针新董事长,因不了解市场、不懂经营等,在新董事长任期内,不仅没有意识到多元化发展出现的众多问题,反而继续深化多元化战略,在多元化道路上越走越远,让两面针这一曾经的本土牙膏第一品牌失去了昔日的光彩。

产品同心圆内的产品一般是指能为消费者创造价值的产品,在互联网经济大发展、大普及的今天,有许多公司纯粹是平台型公司,不直接生产和创造产品,如淘宝,它是为买家和卖家搭建一个电子商务交易平台。对于提供平台的公司来说,产品同心圆同样适用,只不过圆心改为"平台"即可,其他影响要素也是一致的。

产品同心圆模型对传统企业转型发展具有重要的借鉴意义,也就是说,企业要在复杂多变的市场环境下获得更好更快的发展,就必须围绕打造杰出产品这个核心,牢固树立产品创新链的大思维、大战略、大布局,把影响产品创新链的关键要素做优、做强、做实、做到极致。唯有如此,企业才能为客户提供"爆品",企业才能在满足客户需求中不断发展壮大。

企业如何打造"爆品"?

如今,"互联网+"时代正迎面走来,这个时代与以往相比发生了深刻变化,它对我们既是机遇,又是严峻的挑战。"互联网+"时代也是"爆品"为王的时代,企业要生存和发展,就必须打造令客户满意的"爆品"。这几年发展红红火火的企业,无不是靠打造杰出的产品发展起来的。其中最有名的就是小米手机,从小米1代、小米2代、小米2S、小米3、红米、Note,到现在的小米4,款款热卖。现在小米主卖的就是Note、小米4和红米,主卖三四款产品,每年销售量达到几千万部,这在以前是不可想象的。但2016年以来,小米手机被挤出市场前五,原因是小米手机频频出现质量问题。这与打造"爆品"背道而驰,小米若不能扭转这一颓势,离衰败也就不远了。那什么是"爆品"?打造"爆品"应遵循哪些原则呢?

对爆品的理解

简单来说,所谓爆品,是指能让粉丝或用户为之尖叫疯狂的极致产品。根据这一定义,能成为爆品的产品应具有以下特征:

一是用户"好用、易用、想用"的产品,是击中用户"痛点"的产品,能超过客户期望、打动人心、客户体验极佳的产品。

二是与竞争对手相比,具有持续竞争优势的差异化产品,能为客户创造独特的价值、客户黏性高的产品。

三是销售量或用户数或点击量能实现快速增长、具有市场升值空间的产品。

四是成本相对低廉、功能强大、专注于特定市场定位的产品。

根据爆品的定义,我们工作生活中经常被爆品所包围,如苹果的 iPhone、华为 Mate8、腾讯的微信、百度的搜索、360 的安全卫士、阿里巴巴的支付宝等。在传统行业中,宜家是爆品思维的出色践行者。宜家通过邀请世界级的设计大师参与,打造出了闻名遐迩的爆品,比如毕利书柜和帕克斯柜子。互联网海啸席卷家居行业之际,宜家却保持了强劲的增长,2013 年中国区增长高达 17%。

爆品的打造是一项系统工程,它以开发客户满意的、有市场的、高品质的产品为目标,以"快速、聚焦、创新"为行动纲领,以打造人才队伍、加强科学管理、强化客户分析和客户体验、推进技术创新、加强价值链合作、培育核心竞争力和营造创新文化为手段,聚焦重点方向和重点产品,并运用科学有效的方法,系统推进,在商业模式、技术创新和客户体验方面实现突破,提供令客户为之疯狂的产品。

打造爆品的五大原则

小米之所以取得成功,雷军总结为七字诀:专注、极致、口碑、快。这四点与打造爆品有非常大的关系。专注就是集中公司的资源,只做一件事情,只做一个产品,持续打磨,不为市场所诱惑。极致就是客户体验佳,能让消费者尖叫,能占领消费者心智。口碑是指产品一定要赢得非常好的口碑,没有口碑的产品不可能变成爆品。快就是要看准市场,产品要快速推出,不断根据客户需求,实现快速迭代。可以说"专注、极致、口碑、快"是小米的爆品战略。如今，小米超过450亿美元的市值证明了小米爆品战略的正确。

小米七字诀的爆品战略对传统企业、互联网公司、创新创业者的产品创新具有很好的借鉴意义。在实践中，打造爆品应遵循以下五大原则：

1. 找准目标市场。如今，在每一个业务领域都有市场领先者，在这样的外在压力下，打造爆品就必须选准目标市场。对于任何企业而言，一开始千万不能指望推出的产品能满足所有用户的需求，覆盖所有用户，当然，企业经过长期的发展，还是可以做到天下通吃，打遍天下无敌手的。但对于创新创业企业来说，一开始必须找到一个精准的目标市场作为切入点，并设法满足客户需求，为客户提供独特的价值，企业才可能取得成功。因此，进行准确市场定位，有效选择目标市场，即明确为哪些客户服务，应是打造爆品首要考虑的问题。

精准的目标市场定位要求我们能够对客户画"素描"，就是什么样的客户会使用，在什么情境下使用，需求是否强烈，市场可能有多大。我们对客户描绘得越准确，产品开发就越有针对性，就越有可能取得市场的成功。

精准的目标客户定位、"杀手级"的隐性需求，是企业未来发展最关键的因素。例如手机报，当初最早做手机报时，不止一个人说，手机屏幕太小，不会有人拿这么小的屏幕获取资讯。但手机报的优势在于方便、随时、随地、随身，这是传统媒体无论如何也做不到的，手机报在当时迅速发展的根本原因就是精确定位用户，并找到了用户的需求。再举一个传统行业的例子。王老吉饮料卖得很好,特别是广告做得好:"怕上火,喝王老吉"。广告语头三个字就道出了这家企业研究的最终结果——用户的隐性核心需求是"怕上火"。因为在中国,受中医的影响,很多人都怕上火。这款饮料在销售时没有强调很甜、很香、很有营养,而是紧紧抓住了消费者的需求——降火气。由这个例子可以看出,商业模式创新基础就是要紧紧抓住客户的需求。

客户是企业的衣食父母,是企业生存和发展的基础。面对互联网的巨大商机,明确"谁是我们的客户",是企业赢得竞争优势的源泉。这客观要求进入互联网的企业要强化市场细分,要从客户价值、客户性质、地理区域、客户忠诚度、客户经济能力等方面进行细分,有效选择目标市场,开展差异化营销,从而赢得客户,吸引客户。

2. 准确把握客户痛点。只有满足客户需求,产品才有好的发展。客户需求把握的核心是要准确抓住客户的痛点,痛点思维是打造爆品的关键。用户痛点就是用户未被满足的且最为迫切的需求,也是企业最看重的东西。因为如今不再是过去那种"企业生产什么消费者就购买什么"的时代了,而是"消费者需要什么企业就生产什么"的时代。

客户痛点的把握来源于对客户的洞察,来源于对客户行为的观察,来源于对客户消费行为的分析。有时客户痛点很容易把握,有时客户痛点是隐形的、潜在的,需要通过深入挖掘,把握客户消费应用场景,要透过现象看本质。只要能准确把握客户痛点,并切实解决客户痛点,那就离成功打造"爆品"不远了。如融资难、很难获得银行贷款一直是中小企业发展的"瓶颈",这就是中小企业的一大痛点,能够解决中小企业这一痛点必将深受中小企业的欢迎。如今,P2P、众筹等互联网金融的迅猛发展正是因解决中小企业融资难这一痛点而取得的。

3. 要有专注精神,也就是毕其功于一役,做到极致。"互联网+"时代,同质化产品和服务极大丰富,若无法在某一点上脱颖而出,就注定无法给用户留下印象,也就无法打造成"爆品"。

专注即聚焦,它是成功打造"爆品"的重要因素。在今天这个喧嚣的社会里面,少就是多,当你少做一点事情的时候,当你专注在把事情做好的时候,它就是多。小米科技 CEO 雷军曾指出:"目前互联网上诞生的产品都有共通性,而在如今移动互联网的游戏规则中,单点切入是创业团队的重要原则,因为目前整个行业具备创新性,并且更新迭代速度飞快,无论做什么产品最忌讳的就是全面的布局。"

管理大师彼得·德鲁克说过:"没有一家企业可以做所有的事。即便有足够的钱,它也永远不会有足够的人才。它必须分清轻重缓急。最糟糕的是什么都做,但都只做一点点。这必将一事无成。"

专注的第一层含义就是面对"互联网+"时代的巨大机遇,不要为无处不在的市场机会所诱惑,而要聚焦某一点、某一细分市场做精、做优、做强。综观众多成功打造"爆品"的企业,大多是从专注于某一业务领域做起的。如百度以单点切入为原则,集中力量做搜索,如今在我国搜索市场中处于领先地位;沪江网专注于互联网外语教育,如今成为我国最大的互联网教育公司;苹果公司专注于明

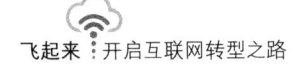

星终端的打造和商业模式的创新，从而缔造了IT企业的神话；奇虎360基于打造国内安全领域第一免费品牌的定位，目前电脑上安装360的用户达到4亿户。雅虎公司（Yahoo）曾是风光一时的互联网企业，随着互联网泡沫的破灭，雅虎一蹶不振，于2016年7月，被Verizon以48亿美元收购，其最大的问题在于定位不清晰，没有专注于某一特定的产品和技术领域。雅虎从辉煌走向失败留给人最大的教训就是要把握机遇，做精产品。

专注的第二层含义就是对进入的业务领域或垂直市场，要更加聚焦，找到该领域突出的用户痛点，将有限的人力、物力、财力投入其中寻求突破，持续打磨，其他方面则可以不求最好，甚至不做。京东一直在砸重金自建物流体系，它所能提供的优质配送服务体验就是那个极为有力的点，从而确立了京东的新优势，对淘宝构成极大的威胁。华为的"压强原则"也是这个道理。《华为基本法》第二十三条：我们坚持"压强原则"，在成功关键因素和选定的战略生长点上，以超过主要竞争对手的强度配置资源，要么不做，要做就集中人力、物力和财力实现重点突破。

"互联网＋"时代的企业时刻面临巨头的威胁，只有专注才有可能在某一细分领域做到深入，建立起竞争的壁垒。只有专注和深入，脚踏实地，埋头苦干，闹中取静，抵住诱惑，公司才能实现跨越式发展。

4. 持续迭代，臻于完善。我们正处在一个空前的"互联网＋"时代，互联网产品不断更新换代，寄希望于打造的产品能保持5～6年时间或一劳永逸是不现实的；"互联网＋"时代也是速度制胜的时代,等产品考虑周全再上市,就可能错过有利的时机。因此,在"互联网＋"时代,打造"爆品"应坚持精益创新,面向市场、面向客户,快速推出,并在实践中不断与客户互动,进行产品迭代,不断试错,从而不断完善产品,提升客户体验。

"互联网＋"时代的一个显著特征就是快。快主要表现在要快速决策、产品要快速迭代、对市场变化要有快速的反应能力、加快推进技术创新升级、企业变革要快。快能使企业迅速抓住机遇,捷足先登,掌握竞争的主动权,将竞争对手甩在身后。互联网公司产品开发要做到小步快跑、快速迭代,其节奏是按天或周计算的。例如,小米产品开发采用互联网模式,每周迭代两次;腾讯微信一年内迭代44次。

在Facebook办公室墙壁上贴着这样一句箴言:"做完事情,要胜于完美收工。"意思是"动手做,胜过任何完美的想象"。"互联网＋"时代,打造"爆品"应是每个企业的追求,关键是要做到迎合需求、创造需求、快速推出、不断试错、快速迭代。快速行动胜于一切。

5. 走高性价比路线。性价比＝产品的使用价值/价格。性价比与产品使用价值成正比,与产品的价格成反比。在价格相同的情况下,产品性价比拼的是产品的使用价值,也就是产品的客户体验,客户体验好的产品自然会成为市场的赢家。

在产品同质化、客户需求多元化时代,产品性价比不高基本上是没有出路的。如果售价100元的产品能达到市场上300元产品的品质,它就具备成为"爆品"的潜质。

互联网产品的一个重要特点就是免费,免费可以说是打造"爆品"的先决条件。因为你不免费,消费者总能在市场上找到免费的替代产品。2009年奇虎360推出的安全卫士高调宣布360杀毒软件永远免费,从而超越了金山和瑞星,成为安全产品领先者。

在免费的情况下,比拼的就是产品的客户体验,客户体验可以说是提高性价比的核心。提升客户体验关键在于关注客户需求,把握客户核心价值诉求,不断迭代,持续创新,以高品质赢得用户。

总之,不管是什么概念,最重要的是瞄准目标市场,聚焦社会需求"痛点",能够让消费者更高效率地享受到同等甚至更好的服务,提升消费者的体验。只要真正集中力量关注和解决这些核心问题,需求也就自然而然汇聚而来,打造"爆品"也就会取得成功。

回归产品的启示:回归商业本质

"互联网+"时代,无论实体的传统企业还是互联网公司都面临着转型、创新的挑战。一方面,互联网企业积极开发新应用、新模式、新技术,满足消费者的多元化需求;另一方面,实体传统企业积极"触网",推进互联网转型,探索线上线下的有效融合。为了在行业中脱颖而出,产品创新、科技创新、服务创新等多种商业创新模式,成为企业的必然选择。

近几年来,我们热衷于谈论"互联网+"、互联网化、O2O、全渠道、打造卓越品牌、微商、跨界融合等等。现在来看,互联网市场可谓"你方唱罢我登台,场面热闹",各种概念充斥市场,模仿抄袭比比皆是,将线下搬到线上就大吹"互联网+",市场的喧哗、企业的焦虑、用户的无奈无以言表。热闹的背后是过分夸大的"互联网＋"，好像企业不搞一些新概念，不傍上"互联网＋"、"O2O"就跟不上时代了。如今，我们面临的不确定性越来越大，无论怎样，企业发展追根溯源还是要回归商业本质，为消费者提供最好的商品、最好的服务。

什么是商业本质呢？商业本质就是消费者需要差异化的产品和良好的体验。例如，客户申请安装光纤就是为了满足其极速上网的需求，客户购买空气净化器是为了能呼吸新鲜的空气，等等。回归商业本质的根本就是做好产品，为客户创造价值。唯有如此，企业才能在"互联网＋"时代立于不败之地。

现在，O2O很热，美甲、洗衣、洗车、餐饮、家政、问诊、打车、拼车等借助"互联网＋"的力量发展迅猛，受到资本市场的广泛关注。但"互联网＋"并没有改变人们洗衣、洗车、吃饭、出行的本质需求，只不过通过互联网实现了模式的变革，方便了"懒人"的需求，大大提升了整个社会的交易效率。在这些O2O领域，要打造"爆品"，核心还是将线下线上产品做到极致。滴滴快的已经成为世界上最大的交通服务平台，滴滴快的之所以在打车市场无人能及，关键在于实现线上线下的融合，增强整体的用户体验。对于乘客，是更短的等待时间、更加实惠的打车费；而对于司机，则是能接到足够的订单。

回归商业本质对于传统企业来说，最大的启示就是要求企业一切经营发展工作都要围绕打造杰出产品这一中心有效开展，要切实解决阻碍这一中心工作的矛盾和问题。对于传统企业来说，要以打造杰出产品为核心来推动企业转型变革，重点应从组织架构、研发体系、客户洞察、生态系统打造、资本经营、打造适应移动互联网时代的人才队伍以及建立公平、公正的企业内部环境着手，为打造杰出产品创造条件。举一些例子，在组织架构上，建立清晰的以产品事业部或专业公司为显著特征的组织架构是正确的选择，阿里、苏宁等成立了众多事业部或公司，无不是围绕产品进行组织架构的变革。海尔组织模式变革也值得传统企业学习和借鉴。海尔通过化大为小、打造创客平台，成立了2 000多个自主经营体，2015年共创造了212个小微企业，并进行量化分权，充分调动自主经营体和小微企业的积极性，使海尔更具有活力和竞争力。

回归商业本质，打造杰出产品，更需要企业推进"品质革命"，树立质量为先、信誉至上的经营理念，发扬"工匠精神"，耐得住寂寞，经得住诱惑，千方百计做好产品，全心全意打造精品，以制度保障产品品质，打造优质品牌。张瑞敏砸冰箱的故事很多人耳熟能详，如果没有对质量的坚守、没有近乎严苛的标准，也许"海尔"这个品牌早已消失。"有缺陷的产品就是废品。"坚守这一信念，海尔不仅站稳了国内市场，还不断开拓国际市场。只有心怀高远，才不会急功近利，才能把产品品质做到极致。

如今，我国企业面临的内外部市场环境发生了深刻变化，机遇和挑战同在。在这样的形势下，要实现企业永续经营、基业长青，我们必须要有时不我待的紧迫感、危机感、机遇感和饥饿感，自觉运用互联网思维，善于抓住转型变革的主要矛盾，坚持以打造杰出产品为核心来带动企业转型变革的总体思路，务实推进，聚焦重点，创新求变。我们相信，这样企业一定能为客户提供更好的产品，一定能发展得更好更快。

第六章

占领市场

现代的市场竞争规则告诉我们,成功的企业运营,就是比其他公司以更低的成本、更好的服务、更好的产品、更优的品牌、更大的平台和更加健康的生态系统,寻求持续的竞争优势,就是获取比其他公司更多的客户和消费者。尤其是在充分竞争的时代,这说起来容易,做起来难。为什么呢?

以互联网应用为例,从表6-1可以看出,目前诸多的互联网应用市场,基本上都由领先企业把持,它们在市场中具有很高的知名度、影响力和市场占有率。例如,在社交领域,毫无疑问腾讯微信是市场的绝对领先者,2015年,腾讯微信月活跃用户达到6.97亿,牢牢占据即时通讯的领先者地位;再如,在外卖市场,饿了么、美团外卖、淘点点、百度外卖四家就占据近80%的市场份额,其中饿了么市场份额在行业位居第一;又比如,在互联网打车市场,2015年2月,滴滴打车与快的打车战略合并,合并后滴滴快的在互联网打车市场份额超过80%;最后,在搜索市场,很显然百度、谷歌地位无人能撼动,2015年第二季度,百度手机搜索市场份额达到79.8%,远远超过其他竞争对手。

表6-1　　　　主要互联网应用领域的领先企业一览

互联网应用	领先的企业或产品
社交	微信
搜索	百度、Google、搜狗
互联网视频	优酷土豆、腾讯视频、乐视、爱奇艺、PPTV
互联网+出行	滴滴快的、Uber、易到、神州
电子商务	淘宝、京东、苏宁
在线旅游	携程、艺龙
外卖	饿了么、百度外卖、美团外卖、淘点点
网络音乐	酷我、酷狗、QQ音乐
第三方支付	支付宝、财付通、微信支付、拉卡拉
互联网+房地产	房多多、爱屋吉屋、链家

既然在众多互联网应用市场基本上都由行业领先者掌控,尤其在互联网市场遵循"两家法则",而且还面临BAT等巨头竞争的情况下,对于进入互联网和移动互联网应用市场的企业来说,如何立足市场?如何占领市场?本章给出了后来者占领市场的几种方法。

成为垂直市场的"隐形冠军"

虽然在各个领域都有市场领先或先进入者,这是不是就意味着后进入者就没有机会呢?答案是:绝对不会。如今,我们进入"互联网+"时代,市场充满着机会。如本地生活服务O2O市场,据易观智库统计数据显示,2014年我国本地生活服务O2O市场规模达2 480.1亿元,较上年增长78.4%,2015年我国生活服务O2O市场规模超过4 000亿元。可以看出,本地生活服务O2O市场潜力巨大。虽然BAT在O2O上加速布局,动作频频,百度对糯米网从战略控股变为全资收购,阿里巴巴对高德公司进行全面现金收购,腾讯宣布买入大众点评20%的股份,但O2O市场巨大空间足以容纳更多企业,只要抓住客户"痛点",选准切入点,打通线上线下,仍有很多机会。在"互联网+"时代,蚂蚁扳倒大象不只是传说。

每个新进入者开始起步时都很小,而且在各市场都有领先者把持,因此,每个新进入者都应该选择在垂直的细分市场起步,宁可选择垂直的细分市场也不要选择大的市场。理由很简单:因为大公司或领先企业往往忽视小的细分市场,选择垂直的细分市场更容易取得成功。话说"行行出状元",只要在垂直市场做到极致,就能立足市场而不败。

作为市场新进入者,都要有争做垂直细分市场"隐形冠军"的雄心壮志,唯有如此,新进入者才能立足市场,才有更好的发展。"隐形冠军"最早是由德国著名的管理学思想家赫尔曼·西蒙

(Hermann Simon)在其著作《隐形冠军：谁是最优秀的公司》中首次提出的。该书明确提出，隐形冠军企业是指在一个狭窄的市场中占据绝大部分市场份额，但社会知名度较低的中小企业。能否成为垂直细分市场的"隐形冠军"，将决定新进入者能否立足市场，能否在充满竞争的市场中走得更远。

案例：利基战略，让斯巴鲁重获新生

全球汽车市场竞争态势发生急剧变化，大多数跟随者都处于艰难生存的窘态。然而，日本斯巴鲁汽车通过由跟随战略向利基战略的转变，走出了一条自我革新之路，在全球汽车市场中奠定了自己的细分市场地位，成为近年来日系汽车在全球冲出的一匹黑马。

面对全球汽车市场的竞争，斯巴鲁从大游泳池到小游泳池，不靠规模取胜，而是通过聚焦目标市场，实施利基战略，从缝隙市场中寻找机会，占领细分市场。虽然目标市场容量不大，若能成为这一市场的"隐形冠军"，其绝对值足以使企业获得更好的发展。

作为做飞机出身的斯巴鲁，技术优势是汽车发动机，斯巴鲁充分发挥这一优势，经过全面分析后，决定聚焦全球多功能运动车市场，只为运动兴奋型用户服务。为此，斯巴鲁决定从微型车市场撤离，将资源优先集中到SUV（多功能运动车）上，提高研发速度和产品竞争力，陆续推出了XV、BRZ、LEVORG等系列产品。

聚焦后的斯巴鲁将车型集中，极大地提高了有限资源服务少数目标用户的质量和效率，斯巴鲁汽车逐渐受到全球运动兴奋型消费者的青睐。

随着聚焦战略的实施和坚持，利基战略带来的效果逐步显现。斯巴鲁汽车的单台利润由2012年的7万日元逐步提高到2014年的近50万日元，超过丰田、马自达、日产和本田，在日系车中排名第一。不仅如此，斯巴鲁汽车的整体利润率也从2009年的5%提高到2014年的近14%，效益十分可观。

在全球汽车市场动荡的形势下，斯巴鲁通过实施聚焦战略，深耕细分市场，反而取得了显著的经营业绩。这对正在实施转型的中国企业难道不是一种有效的借鉴吗？

像斯巴鲁这样专注细分市场取得成功的企业不胜枚举，如找钢网是专注钢铁交易的B2B垂直电商，2012年5月上线伊始，找钢网就抓住传统钢铁产业链上产能过剩、价格下行、利润微薄、银行抽贷等低效"痛点"，聚焦钢铁交易的B2B垂直细分市场，通过平台的打造、生态系统的构建，创业四年多来，目前找钢网已成为国内最大的钢铁电商平台。

百度的成功在于企业拥有搜索核心技术和聚集了一支高素质的搜索核心人才队伍，并专注于搜索，专注于中国市场，从而使其成为搜索领域的领先者。百度CEO李彦宏在总结百度成功的经验时，将其概括为三大法则：第一法则，做自己喜欢的事情；第二法则，做自己擅长的事情；第三法则，专注到底。只有专注才能使自己更优秀。

现在所有人都在谈论苹果，谈论乔布斯，其实苹果的成功给我们最大的启示就是专注。苹果发展到今天，5年只出过5款手机。对手机公司来说，出款手机非常容易。深圳的山寨厂商一天就能出100款手机。苹果虽然平均一年只做一款手机，但要做就做天下最好的，正是这种专注引发了智能手机的革命。这就是专注的力量。

Craigslist是由Craig Newmark于1995年在美国加利福尼亚州的旧金山湾区地带创立的一个大型免费分类广告网站。Craigslist专注于生活类信息，提供求职招聘、房屋租赁买卖、二手产品交易、家政服务、地区活动指南、交友等分类信息，是一个免费自由平台，所有信息的发布都是自由和免费的。Craigslist通过专注于生活类信息，成为美国最大的生活信息网站。2009年，Craigslist收入突破1亿美元，它的流量已经超过eBay和亚马逊，注册用户超过5 000万人，相当于美国总人口的1/4，它的手机用户停留在其网站上的时间2008年就已是全美第一……

做隐形冠军是一种战略选择。"互联网＋"时代充满各种机会，新进入者不能一上来就瞄准大市场，而是要瞄准自身拥有优势的垂直细分市场，其好处就是能避开市场竞争，只要在专注的范围内做到最好就可以了。世界上有各种各样的企业，各有各的生存空间，重要的是找到适合自己的生存空间。

在碎片化、个性化、多元化的"互联网＋"时代，如何吸引用户、提高产品用户黏性就成为新进入者成功的关键。在选择进入移动互联网细分市场时，千万不能跟风模仿，而要选择自己擅长的、差异化的、避免直接与互联网巨头竞争且盈利可期的业务为切入点,以关注客户"痛点"为根本,充分应用互联网创新思维与手段,解决运营中的实际问题;可以考虑进入互联网与传统行业融合的领域、O2O线上线下结合以及垂直细分等领域;要紧贴市场需求,开发和运营产品;要集中资源,持续聚焦、专注、快速,打好创新持久战;要针对市场某一点或某一细分市场努力做精、做深,成为在这一点上或这一细分市场上的隐形冠军,而不是一开始就图大图全,这样才有成功的希望。

要成为某一市场的隐形冠军,一切从创新开始,创新是隐形冠军的起点。

选准市场切入点

两军对垒,要冲垮敌人的防线,必须选择其防守力量薄弱之处作为突破口,才有可能长驱直入,大获全胜。市场如战场,企业要使自己的产品在对手如林的市场中占据一席之地,同样需要避实就虚,选准恰当的市场突破口。

市场之大,如何选好市场切入点一直困扰着一些企业和创业者。有些企业往往盲目跟风,看什么热就跟着做什么,到后来淹没在茫茫商海中;而有些企业选准了市场切入点,就做得风生水起,企业发展蒸蒸日上。茫茫人海,茫茫市场,从哪里切入十分关键,切入点选得不好,产品面市之日就可能是企业关门之时。那么,如何才能选好切入点呢?

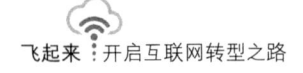

选好市场切入点首先要对市场进行扫描,善于在变化中发现机会,但不为市场所诱惑。面临"互联网+"迅猛发展、跨界融合步伐加快、互联网化加速推进以及信息消费快速增长的市场机遇,对于传统企业来说,不能被巨大的市场所诱惑,更不能什么热就做什么,最重要的是面对市场巨大诱惑时决定不做什么,有所不为才能更有为。

世界上唯一不变的是变化。产业在变,环境在变,自己在变,竞争对手也在变……面对不断变化的世界和市场,必须懂得用乐观和主动的心态去拥抱变化,在适应变化的过程中获得市场发展机会。我国经济发展进入新常态。新常态意味着新变化,各类市场主体必须适应和把握经济发展进入新常态的趋势性特征,坚持变中求新、变中求进、变中突破。

市场之大,谁也不能包揽一切。看似饱和的市场同样存在着不少空隙,关键是企业经营管理者要有灵敏的嗅觉和敏锐的决断力,能于细微之处发现潜在的市场需求,这需要企业对市场进行调查研究,对客户消费行为、细分市场进行深入分析,从中发现机会,快速切入;要能对市场的变化有闪电般的应变能力,正如一位经营者所说,"抢占市场贵在神速"。企业一旦选取准了市场的突破口,应先人一步,快速推出新产品占领市场,以速度赢得差异化优势。

其次,企业应选择市场竞争程度低和具有市场潜力的市场作为切入点。我们根据市场竞争程度和市场潜力建立二维矩阵(见图6—1)。市场竞争程度主要取决于市场进入者数量、市场集中度。如果竞争者无处不在,且市场集中度低,那么市场竞争程度就很大;

如果竞争者非常少,市场集中度高,那么市场竞争程度就低。市场潜力主要看潜在的客户规模、客户购买频次、客户价值,最为关键的是看产品是否能满足客户的核心价值需求。找到一个规模足够大、快速增长的市场,是选择进入市场的关键,如市场潜力太小、太窄,可能就不合适。如打车是人们日常生活中都需要的,也是客户的核心价值需求,更不是打一次车以后就不叫车了,购买频次比较高,因此打车市场潜力很大。

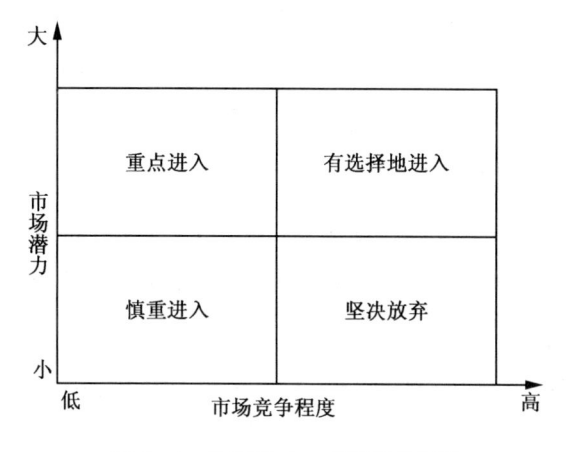

	市场竞争程度低	市场竞争程度高
市场潜力大	重点进入	有选择地进入
市场潜力小	慎重进入	坚决放弃

图6－1　市场潜力—市场竞争矩阵

从图6－1来看,对于市场竞争程度低、市场潜力大的市场,企业应重点进入,更要集中力量,占据这一市场;对于市场竞争程度低、市场潜力低的市场,企业要慎重进入;对于市场竞争程度高、市场潜力大的市场要有选择地进入;而对于市场竞争程度高、市场潜力小的市场要坚决放弃或退出。

当然,在选择进入某一市场时,一定要与企业自身资源优势进行结合和匹配,这样胜算更大。不能一头扎进一个不熟悉的市场,更不能为市场所诱惑,盲目进入,这样往往难以取得成功。

再次,找到一个好的切入点,要明确三点:

一是你的产品是为谁服务的,即可以用一句话清晰描述的明确用户群。任何一个企业,不可能满足所有用户的需求,因此,找到一个核心用户群至关重要。试图满足更多的客户、更多的需求,往往事与愿违。

二是可以一句话说清楚产品核心需求和核心功能。这里的核心需求和核心功能一定是客户关注的痛点需求。唯有如此,才能迎合客户,满足需求,产品才能为客户所接受。

三是不一定要选择做没人做过的东西,借鉴已有的应用和模式进行市场创新、整合式创新,其实也是一个很好的选择,因为它起码是经验证过的用户需求和商业模式。只要你做出好的区隔点,同样能取得成功。

如果这三点做到的话,就是一个好的切入点,企业就应该集中资源进行突破。

最后,从目前选择进入的市场来看,可以进入的市场主要有以下几类:

一是"互联网+"领域。2015年全国两会首提"互联网+"以来,"互联网+"成为全社会最大的热点,同时也是传统企业、互联网公司、创新创业者首选进入的领域。进入"互联网+"领域,最为关键的就是洞察传统行业发展中的痛点和不足,寻找竞争对手的致命弱点,从而寻找机会、发现机会。互联网金融发展迅猛,正是因为互联网金融很好地解决了中小客户难以从传统金融机构获得贷款以及融资难、融资贵的痛点以及银行网点排队时间长的顽疾。如今，互联网已经渗透到社会方方面面，"互联网＋"呈现迅猛发展之势，互联网市场机遇空前。可选择进入的"互联网＋"领域有很多，如互联网＋医疗、互联网＋教育、互联网＋交通、互联网＋餐饮、互联网＋民生、互联网＋家庭（智能家居）等，这些行业虽然涌现出诸多竞争者，但在平台和应用的开发上，传统企业具有优势，仍存在大量机会。

二是移动互联网市场。对于传统企业而言，移动互联网无疑是一块巨大的"蛋糕"，成功进入移动互联网市场，不仅意味着企业顺利完成了转型升级，更重要的是为企业开辟了新的经济增长点和新的商业形态。但各方参与力量都虎视眈眈地密切关注着这块"蛋糕"，竞争可谓激烈。那么，传统企业如何才能够顺利进入移动互联网市场呢？传统企业进军移动互联网市场，应充分结合传统企业的市场定位，以开发移动端 APP 为切入点，充分运用微信、微博等社交媒体，构建完善的市场营销、产品销售、售后服务体系，积极拓展 O2O 市场，实现线上线下的深度融合，开辟新的产业业态。

三是电子商务。电子商务在我国呈现蓬勃发展之势，电子商务已真正成为我国拉动消费、促进创新创业，乃至社会经济发展转型的重要引擎。电子商务是推动大众创业、万众创新的一个重要领域，也是传统企业"触网"的重要体现。相比传统产业，现在电子商务领域创业的门槛低了，需要的资金少了，也不需要太大的团队。尤其是利用大数据和云计算，许多人都可以在创新创业的过程中更加得心应手。在国家积极倡导"大众创业,万众创新"的浪潮下,电子商务创新创业的空间巨大,在国家大力发展电子商务的背景下,必将有更多的创业者走上创业之路,电子商务必将在我国新一轮经济转型升级中发挥更大的作用。

四是生活服务市场。在人们生活的每个细分领域,借助移动互联网的实时定位等特性,都可以形成新的信息服务产品来更好地满足用户需求。美丽说、大众点评、酒店管家等就是推出生活服务的成功代表。生活服务市场主要包括人们日常的吃穿住行用以及娱乐休闲等方方面面,尤其是O2O生活服务领域、大健康领域、互联网旅游领域市场巨大,机会较多。只要善于把握机会,找准目标市场,对传统企业、互联网公司以及创新创业者来说必将带来更大的发展空间。

五是智能硬件领域。近年来,智能硬件发展十分迅猛,受到产业链各方的追逐。目前,大家可以看到的是各种智能手表、智能手环、各种可以远程互动的智能情趣用品、各种可穿戴产品和各类VR产品等,市场日趋成熟。今后智能硬件领域应以细分市场为切入点,在细分市场内竞争相对可能不会那么激烈,更容易取得成功。如针对儿童市场的儿童智能手表和针对老人的智能相框市场都是不错的切入点,必将涌现出更多在细分市场领域创业的智能硬件公司;再比如,智能硬件市场在健康领域必将迎来更多的机会,而且我们也能够看到互联网巨头们已经在健康领域进行战略布局。

六是企业应用服务市场。当前,我国正从消费互联网向产业互联网方向转变,当前和今后一个时期,发展产业互联网是大势所趋,所以,产业互联网市场必将是兵家必争之地。近年来,企业服务市场发展较快,从 ToC 向 ToB 转变预示着企业应用市场是下一个"风口"。从企业服务市场来看主要分为两类:一种以交易平台为主,比如最早的阿里巴巴,或者近年来兴起的垂直行业新秀找钢网、找塑料网、共鸣科技等,这些平台以撮合企业间的交易为主;另一种则以企业级服务为主,主要产品是面向企业的工具应用,包括销售管理、人才管理、客服服务、软件开发、数据分析等。据 Gartner 报告显示,全球 2014 年 IT 支出大约为 3.8 万亿美元,企业服务市场规模是整个互联网市场的 20 倍。毫无疑问,企业服务市场是一个巨大的蓝海,必将成为下一个创新创业的"风口",必将孕育出足够多的创业"独角兽"。

如今,互联网已经广泛渗透到人们的生活、工作、学习中,社交、购物、支付、打车、洗车、挂号、休闲等功能几乎都可以通过互联网实现,互联网正在成为与水、电同等地位的生活必需品之一。对于进入新市场的企业来说,必须充分发挥互联网的力量,将"互联网+"融入自己的业务发展中去,产品创新才可能成功。如果不这么做,企业必将在"互联网+"时代落伍和被淘汰。

超越模仿的差异化创新

差异化讲起来容易,做起来却不是一件容易的事情,往往在模仿基础上实现再创新更是一条探寻差异化模式的捷径。模仿能使企业快速进入某一业务领域,节约企业成本,可以使企业少走弯路,又有助于企业快速满足市场需求。当前,在我国经济发展中模仿跟进仍占据较大的市场,"山寨"常为人诟病。然而模仿本身没有问题,创新和模仿都是寻求成功的一种手段,成功的创新往往是从模仿开始的。但不能一味地模仿,没有创新的模仿是难以成功的。

2012年移动互联网已经超越传统互联网,移动互联网孕育了巨大的商机,吸引了产业链各方和创业者纷纷涌入。如何才能在移动互联网迅猛发展大环境下立足市场、获得更好更快的发展应是每个进入移动互联网的企业所关注的问题。我们认为,能否为市场开发和推出与别人不一样的产品和服务才是成功的关键,也就是说走差异化道路才是最佳选择。美国团购网站Groupon的走红,促使团购网站在我国从无到有、迅速发展,最高时达到6 000余家。但由于同质化竞争、低竞争门槛以及缺乏差异化,我国团购行业迎来倒闭潮。腾讯虽然强大,但在电子商务领域没有取得突破,为什么?主要是由于模仿淘宝而没有差异化。再比如,电子商务发展很快、市场很大,很多传统企业也纷纷跟进,做电子商务,怎么做呢?就是建一个网站,将线下搬到网上,或者将网站作为一个销售渠道来做。它们这样做也是没有把握住电子商务的本质,注定难以成功。而成功的差异化创新会取得市场的成功。如奇虎360为什么在网络安全市场取得了成功?人家推出安全杀毒软件都收费,360就逆其道而行之,采取与行业不一样的免费策略,从而迅速确立了在网络安全领域领先者的地位。

如今,有很多企业进入移动互联网市场,都在搞模仿,看似轰轰烈烈,但始终没有从模仿中实现突破,一旦时间长了还没有突破,与行业领先者的差距就会越来越大,就可能错失移动互联网发展的历史机遇。移动互联网时代,遵从"两家法则",只有进入行业前两名的企业方能生存和发展。没有创新,总是复制别人的东西,很难有发展,很大程度上也不可能取得成功。

超越模仿的差异化创新是一个很好的选择,那如何做到实现超越模仿的差异化创新呢?实践中应做到以下几点:

一是要切实把握领先企业产品和成功模式的精髓、方法、体系和内在本质,只有对领先企业成功背后的本质性东西有深刻的认识,才能学以致用,举一反三,为我所用。

二是将自有产品与被模仿产品或成功企业的模式在各方面进行对标分析,找出差距以及与竞争对手形成差异化的某些方面,寻求突破。

三是坚持客户导向,找出客户未被满足的需求点,进行微创新,持续提升客户体验,并结合企业自身资源能力状况以及市场的发展变化情况,因地制宜,逐步地、尝试性地进行调整、优化和创新。

四是关注商业模式创新。互联网产品内涵十分丰富,商业模式也是产品的内容之一,商业模式创新可以收到意想不到的效果。如360的免费模式使360迅速占领了网络安全市场。

管理大师彼得·德鲁克曾对模仿创新提出精辟的阐述,他认为创造性的模仿是"创造性仿制者在别人成功的基础上进行再创新。创造性模仿仍具有创造性,它是利用他人的成功,因为创造性模仿是从市场而不是产品入手,从顾客而不是从生产者入手。它既以市场为中心,又受市场驱动"。

总之，超越模仿的差异化创新模式要取得成功其根本还是坚持客户导向，并结合企业自身优势和关键资源能力，持续创新，这需要有耐心，需要有专注精神。

改变游戏规则

一个成功的企业不一定是在技术上取得重大突破，而是对市场的超强的洞察力，或是对原有模式的重组创新，甚至是对整个游戏规则的颠覆。改变游戏规则是企业占领市场的最高境界，也是众多企业追求的目标。

游戏规则就是"玩家"更多的是去遵守，而不是去破坏它，结果就是你只能按规则来。商业游戏规则往往由大公司制定，你必须遵守。如今，越来越多的互联网巨头加速布局O2O，互联网巨头在品牌、技术、人才、实力等方面都是创业者以及中小公司无法抗衡的。因此，对于新进入的企业来说，不能盲目进行跟随模仿，必须靠改变游戏规则，靠新的商业模式，破坏大公司已有的格局，吸引用户，在夹缝中求生存。就像柯达是被谁破坏的，它是被数码相机和拍照手机破坏的；诺基亚是被谁颠覆的，它是被免费的安卓颠覆的。

改变游戏规则是企业最大的成功。改变游戏规则主要有改变产业模式、制定行业标准、实现技术突破和破坏性创新。

改变产业模式

改变产业模式是最激进的一种商业模式创新，它要求一个企业重新定义本产业，进入或创造一个新产业，实现行业模式的创新。行业模式创新的典型是苹果公司，它原来主要从事电脑以及数字产品的经营，后来通过 iPod 与 iTunes 的结合，开创了一个全新的行业。可以想象，如果手机行业被定义为耐用消费品，如果人人多年不换手机，手机行业不可能取得今天的繁荣。因此，重新定义一个产业，核心就是从把握客户消费需求及其变化着手，从需求变化看到未来。大胆尝试和行动的企业往往会取得市场的成功。

制定行业标准

三流企业卖力气，二流企业卖产品，一流企业卖技术，超一流企业卖规则、卖标准。从某种意义上说，商业模式创新就是在创造新规则和新标准。卖产品的企业关注的主要是产品创新，卖服务和卖技术的企业关注的主要是服务或技术创新。而卖规则和标准的企业掌握市场主导权和价值链的控制权，形成具有垄断地位的商业模式。如美国高通公司主攻研发核心技术，以在 CDMA、OFDMA 技术方面处于领先地位而闻名，它通过将技术和专利授权和许可给芯片厂商、系统设备厂商、终端厂商，将技术集成到芯片中销售，并采用了知识产权收费方式，从每部手机销售中抽取 4%～5% 的专利费。2012 年，高通共卖出 5.5 亿颗芯片，仅专利授权费收入就达到 67 亿美元。微软则在个人电脑市场建立了 Windows 行业标准，从而取得了巨大的成功。

实现技术突破

推进技术创新、实现技术突破是传统企业互联网转型成功的关键。能够长期存在的企业,其成功秘诀在于不断地进行技术创新。因此,要改变游戏规则,就必须在技术创新上下功夫,成为行业颠覆者。作为 IT 行业第一家百年企业,IBM 从打孔卡片制表机到 IBM System/360,从 IBM"深蓝"到超级电脑"沃森",再到业界首个专家集成系统 IBM PureSystems,经历了经济、产业和科技趋势以及经营业务的多次转变,最终通过在信息技术方面的一次次突破,帮助企业实现了一个又一个新的商业发展,成为社会变革的重要推动者。又如,闯入数据分析和搜索营销领域的国双科技实现了爆发式增长,2009 年,国双科技成为国内唯一进入微软 BizSpark 全球创新计划的公司;2011 年,收入实现 10 倍速的增长……国双科技的成功就在于技术创新,2008 年以来,国双科技先后开发出 6 款量化营销工具,成为国内领先的在线业务优化产品与服务提供商,拥有多项自主知识产权。

破坏性创新

在任何一个行业中,破坏性的力量总是推动着新的发展浪潮,因为它可以促使更多的人购买和消费。破坏式创新是指将产品或服务通过科技性的创新,针对特殊目标消费群推出一种低价产品,然后逐步对产品进行改进,最终取代现有公司用旧科技生产的优质产品,从而打破现有市场格局。智能手机的发展彻底瓦解了功能性手机,数码相机的出现取代了胶卷相机,智能拍照手机的出现又导致数码相机的淘汰。随着技术创新步伐的加快和革命性技术的出现,破坏性创新的速度日渐加快。

破坏性创新的表现形式一般有以下几种:一是破坏性技术。这种技术可以是技术的升级,也可以是破坏性技术、颠覆性技术。如在计算机产业,光盘驱动器取代了磁盘驱动器,因为前者能以更低价格存储更多信息。二是破坏性产品。这些产品或服务以更佳性能或更低价格,取代了已有的相似产品或服务。如经济型酒店以其更低的价格和能满足旅客基本的商旅服务需求的优势,对传统星级酒店构成极大的威胁;而 Airbnb 成功打造了房屋租赁平台从而超越传统酒店业。三是破坏性商业模式。在许多新的行业领域,通过破坏性技术、破坏性产品,都可以催生出一种新的破坏性商业模式,并依靠这种商业模式对原有企业商业模式形成挑战或超越。例如,西南航空公司依靠低成本的短线飞机的商业模式,对传统的航空公司造成了巨大的冲击;360 以永久免费商业模式在网络安全市场击败各路对手;百度依靠网络技术和竞价排名的商业模式,满足了众多中小企业寻找客户的需求,从而为百度创造了巨大的利润。

大公司被小公司赶着创新,甚至不惜资本,收购小公司以图将来不被破坏;而小企业也能够凭借"破坏性创新"击败大企业。破坏性创新是改变市场格局、占领市场、改变游戏规则的重要手段。

对于传统企业来说,要能在充满机遇和挑战的互联网市场转型成功,以下五点需要牢记:市场地位比市场更重要,技术标准比技术更重要,知识产权比知识更重要,赢利模式比赢利更重要,拥有创新

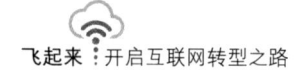

型人才队伍最为重要。

"互联网+"时代，机遇和挑战同在，任何企业要在这个时代立于不败之地，就必须有改变游戏规则的勇气。虽然做到这一点不是件容易的事情，但企业只要坚持，从以下三个方面去思考，就一定会有出路：一是对市场具有超前的敏锐性，要从纷繁复杂的市场中看到趋势，看到未来；二是实现技术创新突破，走技术市场化创新之路；三是对传统行业进行重新定位，从融合、创造需求等角度，对传统行业进行创新和改变，互联网金融、打车软件等的火爆就是重新定义传统行业的典型。

第七章

品牌引领

　　品牌是连接企业与客户的纽带,品牌是企业成长最重要的驱动力之一,这已是企业界的共识。大凡成功的公司无不重视品牌经营,它是企业立足市场的制胜法宝,卓有成效的品牌经营有利于打造具有行业影响力的品牌,有利于树立良好的企业形象,有利于提高企业的市场竞争力,有利于吸引客户、提高客户的忠诚度。

　　面对"互联网+"经济的迅猛发展,一家公司能否取得成功,打造一个强势品牌是立足市场的有效方式。面对巨大的"互联网+"市场,企业要成功转型,就必须高度重视品牌经营,品牌经营是企业竞争的最高境界,是企业适应市场环境变化的必然要求,是遵循互联网发展规律的必由之路。

互联网品牌的"两家法则"

美国著名营销专家特劳特发现了著名的"心智阶梯"原理,比如说我们买手机,在潜意识中就会出现一个手机类的品牌阶梯:苹果、三星、华为、小米、OPPO、VIVO等,自上而下排列。虽然我们浑然不觉,但实际上这个单子已经圈定了我们购物的范围。特劳特的研究进一步发现,随着市场的成熟和稳定,人们往往只能记住两个品牌,我们称之为"两家法则"。"两家法则"在现实中某些领域的情况已经印证了它的正确性。比如,买饮料时人们习惯想起的是可口可乐和百事可乐,去吃快餐习惯脱口而出的是肯德基和麦当劳,昔日买胶卷首选的是柯达和富士,提到国内石油时就会想起中石化和中石油,类似的例子还有很多。如果品牌不能建立在消费者心智阶梯上的前两位,那么随着市场的成熟和发展,企业就非常危险了。

中国的互联网已经发展了20多年,经过多次洗礼涌现出很多成功的企业,互联网经济的"两家法则"特征十分明显(见图7-1)。如搜索引擎的百度和谷歌,电商网站的淘宝和亚马逊,操作系统有谷歌的Android和苹果的iOS,微博市场的新浪和腾讯,网络安全领域的360安全卫士和QQ电脑管家,APP应用市场的苹果App Store和谷歌Google Play,网络视频的优酷土豆和爱奇艺,社交工具有腾讯QQ和微信;第三方支付有支付宝和微信支付,等等。

如今,在互联网领域已经出现了类似垄断的现象。主要集中在搜索引擎、社交、电子商务,这三大领域分别由百度、腾讯和阿里巴

图 7—1 互联网不同领域的"两家法则"

巴垄断。2015 年,腾讯 QQ、微信在社交市场中一骑绝尘,市场份额超过 80%;百度在国内搜索引擎市场的份额达到 79.8%;阿里巴巴的支付宝在我国第三方互联网支付市场占据半壁江山,市场份额达到 47.5%。有人指出,国内互联网市场的竞争出现这种局面很正常,因为这是广大用户对企业品牌信任的结果。在互联网行业,寡头垄断并不新鲜,"两家法则"甚至可能被"一家法则"所取代。在互联网时代,唯有做强才能生存,互联网企业应竭尽所能,避免自己成为行业的第二或第三。

如今,中国正在进入"互联网+"时代,"互联网+"市场潜力巨大,运营商、设备制造商、终端厂商、内容提供商、互联网公司和创新创业者等纷纷涌入。根据"两家法则",传统企业互联网转型应增强危机感、紧迫感和责任感,逐步摒弃传统固有的模式,把握发展时机,有序推进。在执行策略上,不能全面出击,不必在众多机会面前平均分配资源,而应聚焦重点,集中资源发展自身有优势的产品项目;要在运营队伍、管理模式、产品创新、商业模式、平台开放、品牌建设、机制体制等方面实现真正的突破;始终坚持创新发展、转型突破、奋勇争先,通过扎扎实实的战略创新、模式创新和执行创新,力争成为行业的领先者。

成功的互联网品牌

现代市场的竞争就是品牌的竞争,尤其在互联网+时代,由于互联网经济存在"两家法则",更加需要注重品牌经营。成功的互联网公司都在市场中树立了良好的品牌形象,如苹果、谷歌、腾讯、百度、阿里巴巴、360、搜狐、新浪、携程、迅雷、优酷土豆、小米等。知名品牌咨询机构 Interbrand 发布了 2015 年全球品牌价值排行榜,全球品牌百强公司中科技公司占据了 28 家,且苹果和谷歌连续三年占据排行榜前两位。从表 7-1 可以看出,2015 年最具价值全球品牌百强榜中,苹果以 2 469.92 亿美元的品牌价值,蝉联品牌榜首;谷歌以 1 736.52 亿美元的品牌价值排名第二位;微软位列第三位,品牌价值达到 1 155 亿美元。

表 7-1　2015 BrandZ 最具价值全球百强中的主要 12 家科技公司

公司	排名位次	行业	品牌价值(亿美元)
苹果	1	终端	2 469.92
谷歌	2	科技	1 736.52
微软	3	科技	1 155
IBM	4	科技	938.87
腾讯	11	科技	765.72
Facebook	12	社交网络	711.21
阿里巴巴	13	零售	663.75
亚马逊	14	零售	622.92
百度	21	科技	400.41
三星	45	终端制造	216.02
华为	70	设备制造	153.35
eBay	73	零售	141.71

中国腾讯、阿里、百度品牌价值分别达到 765.72 亿美元、663.75 亿美元和 400.41 亿美元,排名分别为第 11 位、第 13 位和第 21 位,成为全球著名品牌。华为首度进入全球品牌百强榜单,位列第 70 位,品牌价值高达 153.35 亿美元。这些高科技互联网公司的成功应归功于重视品牌经营。

品牌建设是企业快速成长的重要保障,"无品牌做不大,无品牌难立足"早已成为企业发展的共识。对于进入互联网＋领域的企业来说,打造卓越品牌是其成功的关键。打造互联网卓越品牌是一个持续、长期的过程,企业必须遵循互联网发展规律,从夯实产品基础做起,通过产品、模式、平台、广告、合作等多种手段,一步一步向前迈进,不断扩大和提高品牌影响力。

要给产品起一个响亮的品牌名

进入"互联网+"市场,给产品起一个好品牌名十分重要。为什么呢?我们先试问一下:

谁是最受消费者欢迎的第三方支付工具?答案毋庸置疑,支付宝。

谁是最好的功能饮料?答案是红牛。

谁是最好的咖啡?当然是星巴克。

谁是最好的社交工具?答案必然是腾讯的微信。

图7—2 部分互联网公司品牌形象

第七章 品牌引领

谁是我国国内最好的智能手机？答案显而易见是华为的 Mate8 和 P9。

支付宝、红牛、星巴克、微信、Mate8 都是好的品牌名。好的品牌名称不仅可以引起消费者的独特联想，还可以准确反映品牌的特点，具有强烈的冲击力，刺激消费者的消费心理，增强消费者的购买欲望。对于企业而言，好的品牌命名还可以提升自己和产品的形象。

2012 年淘宝商城改名为天猫、索尼爱立信更名为索尼移动通信，2012 年 8 月合并成立的"优酷土豆"依然把"优酷"和"土豆"作为两个独立的品牌单独运营，这说明品牌名称对互联网公司发展十分关键。"亚马逊"会让人想起网上书店，人们也会很自然地把"阿里巴巴"同"电商"联系起来，这就是品牌影响力。做到这一点，品牌就是成功的品牌。

下面我们再列出一些互联网知名品牌名：淘宝、京东、小米、360、微信、饿了么、美团、河狸家、房多多、搜房网、赶集网、支付宝、滴滴出行、嘀嗒拼车、58 同城、e 代驾、人人贷、天使汇、唱吧、齐家网、途牛网、携程网，等等。

从这些互联网企业的品牌来看，都给企业产品起了一个很好的品牌名称。这些品牌名称具有冲击力，能够使人产生品牌联想。如何给进入互联网领域的企业起一个好的品牌名呢？关键是品牌名称设计要做到文字简单明了，越短越好，名称应该独特，朗朗上口，音韵和谐悦耳，容易记忆，品牌联想美好，具有品类联想力，要体现人文特征，具有亲切感和震撼力。做到这几点，是企业走上建立互联网品牌成功道路的第一步。

  一个好的产品品牌,既能给消费者带来一个良好的印象,又能让企业的健康发展如虎添翼。为什么传统企业进入互联网领域,只是将传统内容搬到互联网,品牌名称仍沿用老品牌,在品牌名称上落后一步,不能不说这是传统企业进入互联网的遗憾。因此,对于进入互联网的企业来说,启用一个新的品牌、起一个好的品牌名尤为重要。

  当然,一个好品牌需要做好品牌形象设计,以展示企业的形象和个性,达到品牌与消费者有效沟通的目的,从而有效传播品牌信息,扩大品牌知名度、认知度,建立起品牌的美誉度与忠诚度。图7-2展示了一些互联网公司和新兴企业的品牌标志,这些公司的品牌设计有效传递了品牌个性,具有丰富内涵,给消费者以强烈的视觉冲击,容易记忆。如苹果的品牌标志是"被咬了一口"的苹果,向消费传递了苹果勇于向科学进军、探索未知领域、永不满足的追求,显示了苹果的活力和朝气,引起消费者的好奇。2015年9月,滴滴打车更名为"滴滴出行",并启用新的Logo——一个扭转的橘色大写字母D。新的品牌设计在颜色上延续了滴滴原有品牌色橘色,设计上采用了滴滴拼音首字母D的抽象化设计,一方面象征着微笑,表达了"滴滴一下,美好出行"的企业理念;另一方面,也是抽象地描绘了道路的形象,代表了滴滴所处的行业。Logo右上角的缺口意思是指"对完美追求永远觉得差一点,对用户体验的追求永远觉得还差一点",表明滴滴将一如既往地追求极致、永不满足和勇于创新。

实施多品牌策略，慎用品牌延伸

品牌是企业的重要资产之一，是企业软实力的重要体现。成功的企业无不重视品牌经营。

我国电信运营商自 2004 年底实施企业转型以来，大力拓展众多新兴业务领域，如今，真正上规模、有影响力的新产品、新品牌并不多，新兴业务发展没有取得根本性的突破，这与企业不太注重品牌经营不无关系。

联想给人的印象就是电脑，绿地集团在消费者心目中就是做房地产的，中国移动给消费者的感觉就是做移动业务的，等等。对于这些企业来说，进入新的领域、新的市场就不能选择单一品牌策略，简单地进行品牌延伸，而应当强化品牌经营，实行多品牌策略。为什么？

简单地进行品牌延伸会削弱品牌，往往会使用户产生错误认知。有时候品牌非常强大，做一些延伸可能影响不大。但在绝大多数情况下，品牌延伸造成的损失都是惨重的。尤其是在品牌还不够强大时就进行品牌延伸，市场风险会更大。雅虎在品牌延伸之前一直主导着搜索这个品类。如今，雅虎在整个搜索市场仅占不足 10% 的份额，被谷歌远远甩在身后。如今，雅虎的失败可能与其实行品牌延伸有很大关系。

当今世界，绝大多数成功企业无不在强化品牌经营，采取多品牌策略，多品牌公司比单一品牌公司更有竞争力。苹果公司拥有 4 个强大的产品品牌：麦金塔、iPod、iPhone 和 iPad。阿里巴巴有淘宝、天猫、支付宝、聚划算、娱乐宝、余额宝等品牌,从而形成有效的区隔,这是阿里成功的关键。宝洁也是多品牌经营成功的公司,其旗下 10 亿美元规模的品牌就达到 25 个,海飞丝、飘柔、舒肤佳、玉兰油、帮宝适、汰渍、潘婷、沙宣、伊卡璐等品牌人们耳熟能详。

再比如,百度进入视频领域的品牌为"爱奇艺",进入互联网金融的品牌为"百发";腾讯进入不同业务市场也是采取多品牌策略,如腾讯进入搜索市场的品牌为"搜搜",进入第三方支付市场的品牌为"财付通",进入即时通讯市场的品牌有 QQ 和微信;等等。

因此,一个企业进入多个市场、多个品类,向不同客户提供不同的产品时,应采取多品牌策略,从而形成有效的区隔,而且每个品牌都应该保持相对的聚焦和专注。

"互联网+"时代,为各类企业打造全新的品牌创造了机会。对于传统企业来说,企业要发展、要转型,必然要不断拓展新的业务领域、进入新的市场,这就需要传统企业更加重视品牌经营,应谨慎使用单一品牌策略,更不能简单地进行品牌延伸,而是要实施多品牌经营战略。进入新的品类、新的市场,一定要启用全新的品牌。

品牌经营之策

当前,任何企业要在激烈的移动互联网蓝海市场竞争中站稳脚跟,必须具有强烈的品牌意识,强化品牌经营,增强品牌经营的紧迫感和危机感,将品牌经营贯穿于企业经营发展的全过程,在品牌经营上下苦功夫,把品牌发展战略纳入企业长期发展的规划中。

1. 进行科学的品牌定位,牢牢占领消费者心智。品牌经营首先需要解决品牌定位的问题。品牌定位的目的是创造鲜明的企业个性和独特的企业形象。要做好互联网创新业务的品牌定位,需要对企业的优势和劣势进行科学分析,在此基础上做好业务的市场定位、客户定位和产品定位,坚持打造个性、寻求差异,设计有差异化竞争优势的产品。由于互联网具有明显的时代特征,品牌定位特别要占领年轻新生代人群市场。搞好品牌定位就是要有做互联网细分市场第一品牌的目标,从而使客户产生较高的品牌联想,如搜索=百度,餐饮=大众点评网,订票、订房=携程,微博=新浪、腾讯,打车=滴滴快的,等等。这些成功的互联网公司是品牌定位成功的代表。

做好品牌定位核心是品牌要能够引领市场,要凸显品牌文化内涵,要有足够的时尚感,不能站在时尚产业的角度去思考消费者和进行产品创新,则很容易被后来者颠覆。苹果公司为什么能成为全球最有价值的品牌、市值最高的公司?苹果产品融入时尚、浪漫主义的感性设计,通过为消费者提供完美的客户体验,向世人展示"我就是与众不同"的独特文化理念,从而引领时尚潮流,掀起了手机终端的革命,从而确立了其领先地位。

腾讯以成为最受尊敬的互联网公司作为企业的愿景目标,以为用户提供"一站式在线生活服务"为价值定位,坚持以用户价值为中心,通过模仿再创新,推出 QQ、腾讯网、腾讯游戏、腾讯微博、腾讯视频、财付通、微信、搜搜等平台型产品。随着腾讯用户规模的不断增长及市场的不断拓展,从而使腾讯在市场中的品牌形象不断提升。如今,腾讯成为中国最大的网络社区和最大的社交工具,满足了互联网用户沟通、资讯、娱乐等方面的需求,从而一跃成为我国市值最大的互联网公司。

2. 必须学会用互联网方式做品牌。传统方式做品牌一般是采取以下措施:在主流媒体上大肆投放广告,邀请当红明星担任代言人,举办各种形式的促销宣传活动……然而,在互联网高度普及的今天,这种方式做品牌已经不灵了,企业必须适应新时代,学会运用互联网方式做品牌。例如,小米在品牌打造上,不断制造热点,通过线下发布会等形式向"米粉"传播企业和产品的信息,树立良好的企业形象和产品形象,利用微博、微信等社会化媒体将自己打造成"网红",用互动来带动忠实粉丝帮助其进行口碑宣传。

互联网时代,打造品牌方式发生了巨大变化,其核心是与客户互动,让客户成为品牌宣传的代言人。适应这种变化,就可以大大缩短品牌迅速走红的时间,而且这也是一种经济有效的方式。

3. 要从打造杰出产品做起。产品是品牌经营的核心,没有好的产品,企业品牌无论怎样宣传、无论怎样经营,也不可能为广大消费者所接受,更谈不上打造卓越品牌。因此,对于进入"互联网+"领域的企业来说,要做强品牌,必须要从产品、平台做起,应以满足客户核心需求和提升客户体验为中心,发扬工匠精神,努力打造杰出的产品。离开产品打造,品牌经营将是无源之水、无本之木。

4. 学会讲品牌故事。在市场竞争日趋白热化的今天,品牌要想生存,要想立于不败之地,就必须要让自己"有故事"!因为爱听故事是人的天性,一个有好故事的人,更容易被记住,一个有故事的产品、一个有故事的品牌,在市场上更有优势,因为感性的大脑容易被故事感动。罗永浩做锤子手机讲的是情怀,"不在乎输赢,只是认真"。褚橙卖的不是水果,卖的是褚时健的励志故事。NewBalance讲了一个李宗盛《致匠心》的故事,使其品牌格调又陡然升了一截……"有故事",更易使品牌具备自传播力,也就有了传播口碑。故事即内容,故事是有效的沟通和广告,故事讲得好,企业产品和品牌就会赢得客户的信赖,赢得市场的先机。

5. 加强品牌管理。加强品牌管理是做好品牌经营的重要环节。因此,企业应将品牌管理提升到企业战略层面。做好品牌管理关键是要做到:做好品牌规划,明确品牌经营的目标、品牌定位、品牌传播、品牌文化以及实施品牌经营的关键举措,以品牌战略和规划指导企业品牌经营;品牌经营做到制度化、规范化、体系化,实现品牌经营的集中和统一;要加强品牌监测和评估,及时发现品牌经营中存在的问题,以便及时采取有效的应对策略;加强品牌经营的危机管理,做好品牌危机应对;在品牌延伸、扩张与品牌创立之间谨慎抉择,不能盲目扩张和跟风;加强客户服务管理,树立良好的企业形象;要诚信服务,守法经营,自觉履行社会责任,做一个合格的企业公民;加快品牌专业人才的培养,建立和打造品牌经营的专业人才队伍。

总之,打造有影响力的品牌是一项长期而艰巨的任务,没有捷径可走,我们应从产品做起,关注客户体验,推进平台经营,强化品牌经营,明确品牌定位,丰富品牌文化内涵,树立品牌形象。如能做到这些,新产品、新品牌、新形象一定能得到广大消费者的认同,企业一定能在"互联网+"时代获得更好更快的发展。

… 第八章 …

商业模式创新

正如管理大师彼得·德鲁克所说,"当今企业之间的竞争,不是产品之间的竞争,而是商业模式之间的竞争"。商业模式的竞争是企业最高形态的竞争。商业模式创新是企业互联网转型的重要内容,直接关系到企业能否持续健康地发展。本章重点介绍商业模式的内涵、成功的判断标准、商业模式创新方法等内容,并系统介绍"互联网+"八大商业模式,希望对创新创业企业做好商业模式创新有所帮助。

未来"互联网+"模式一定是一个更加多元化的商业模式,商业模式的创新没有定式,只有遵循规律,坚持创新,走差异化的道路,才有可能打破既有的产业格局,才有可能赢得市场的成功。

商业模式的内涵

面对迅猛发展的"互联网+"经济,传统企业能否立足市场,关键取决于商业模式的创新。成功的商业模式不一定是技术上的创新,而可能是对企业经营某一环节的改造,或是对原有经营模式的变革和创新,甚至是对整个游戏规则的颠覆。

商业模式决定了企业的不同命运,成功的企业有成功的商业模式。对于进入"互联网+"领域的传统企业来说,把握"互联网+"商业模式内涵对企业转型发展具有重要意义。平台是"互联网+"的最大特征,打造成功的平台,说明其商业模式的成功。如苹果公司成功推出 iMac、iPod、iPhone 和 iPad 系列产品,开创了终端与服务相结合的"软硬一体化"商业模式。简单地说,商业模式就是怎么赚钱。但赚钱只是结果,要实现盈利必须通过一系列价值创造活动。显而易见,赢利模式只是商业模式中的重要内容,但不是全部,商业模式不同于赢利模式。那什么是"互联网+"商业模式呢?

成功的"互联网+"商业模式,需要提升平台价值、聚集客户,针对其目标市场进行准确的价值定位,以平台为载体,有效整合企业内外部各种资源,建立起产业链各方共同参与、共同进行价值创新的生态系统,形成一个完整的、高效的、具有独特核心竞争力的运行系统,并通过不断满足客户需求、提升客户价值,建立多元化的收入模式,使企业达到持续赢利的目标。

可以看出,"互联网+"商业模式满足三个必要条件:第一,以打造平台为目标,建立价值网络至关重要;第二,商业模式是由多种要素组成的整体,并具有一定的结构;第三,各组成要素之间具有内在联系,相互作用,形成良性循环。从商业组织的角度来看,商业模式是企业为客户、合作伙伴、第三方开发者创造价值的活动,企业通过准确界定自己在价值链中的位置而获得应有的收益,为了获利而建立一定的组织结构,与合作伙伴共同组成价值网络。

商业模式七要素模型

商业模式的核心在于:你能给别人提供什么样的价值?因此,商业模式都是围绕如何提供价值并获得回报来开展的。

从"互联网+"商业模式的内涵出发,结合互联网的特点,我们提出了"互联网+"七要素商业模式模型(见图8-1)。

从图8-1中可以看出,战略定位是商业模式成功的先决条件,打造开放平台是商业模式创新的核心,构建良好的产业生态系统是商业模式创新的关键,赢利模式是商业模式的输出结果,同时也是商业模式成败的重要判断标准,它们相互联系、相互影响,共同构成互联网商业模式这个整体。

百度、淘宝、奇虎360、大众点评、小米、豆瓣、滴滴出行等成功的互联网公司,都是围绕以下七要素进行系统创新,从而使这些企业成为行业的成功典范。

1. 战略定位。

面对互联网和"互联网+"发展的诸多机会,企业应首先确定其

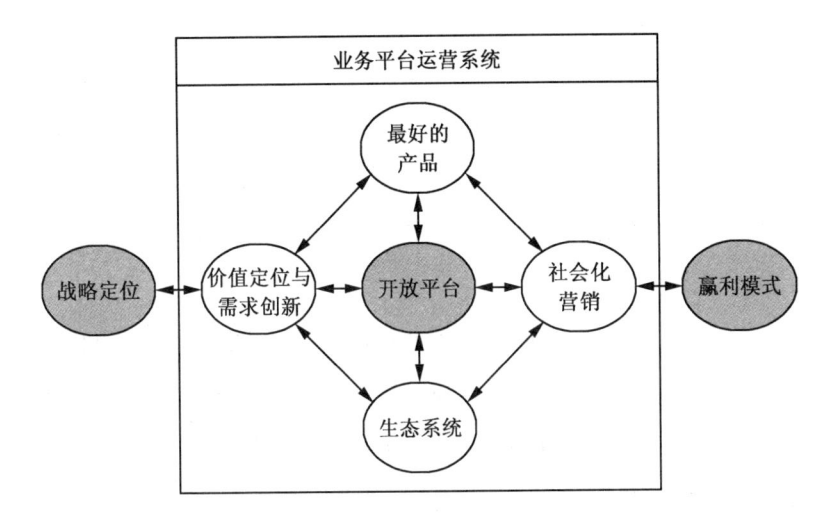

图 8-1 "互联网+"七要素商业模式模型

市场定位,明确企业为哪些客户服务,提供什么产品;坚持有所为有所不为,要聚焦重点、集中资源。企业战略定位的关键在于做好内外部市场环境分析,做好市场细分并充分发挥资源优势,从而使企业能在市场竞争中保持优势。

2. 价值定位与需求创新。

对于传统企业进入"互联网+"领域,最为重要的是要找准目标市场以及客户尚未满足的需求,通过其产品和服务向消费者提供独特的价值。为什么客户找你而不找别人?价值定位和需求创新就是找到用户"痛点",能帮助客户解决问题,满足客户的核心需求。做到这一点,关键是要洞察客户需求,充分利用互联网,深入挖掘并分析客户数据信息及消费行为特征。

3. 最好的产品。

产品谁都能做，关键要做到"最好"。所谓"最好"的产品，就是通过技术创新、客户体验创新，为客户提供最佳客户体验，切实满足客户需求。产品和服务的最佳客户体验主要体现在：独特性、便利性、切合需求、直达人心、良好的品牌形象、合理的价格等方面。

4. 开放平台。

打造开放平台是互联网的重要特征，也是商业模式创新的核心内容。开放平台的本质就是构建围绕主导企业的生态圈，通过 API 能力开放，将自己不擅长的事情开放给合作伙伴们来做，通过丰富的应用来吸引用户，最终将用户黏在自己的平台上。打造开放平台不能一蹴而就，而要遵循互联网平台开放规律，循序渐进。

5. 生态系统。

当前，互联网的竞争已从单一技术、产品和服务的竞争演化为整个产业链上下游生态系统的竞争。平台所涵盖的合作伙伴数量、用户数量、内容或应用的丰富性，基本上决定了一个平台的前途。围绕一个平台所建立起来的生态系统的经济价值，则是一个平台活力、市场竞争力的直接反映。对于进入"互联网＋"领域的企业来说，应围绕打造开放平台、为客户创造价值为中心，广泛开展战略联盟、并购、战略投资等，打造良好的产业生态系统。

6. 社会化营销。

互联网转型的企业要充分利用互联网、微博等新媒体进行产品分销，利用粉丝经济，开展与粉丝互动，向客户进行产品推广和品牌传播，建立和维护客户关系。同时，还可通过社会化媒体了解客户需求和反馈,从而更好地为客户创造价值,最终达到获取客户、保持客户、提高客户收益的效果。

7. 赢利模式。

模式创新最终目的是要赢利。赢利模式主要是指企业的收入模式,就是企业通过为价值链各方创造价值并满足客户需求而获得的收入。成功企业的收入来源应是多元化的,有向用户收费的,有交叉销售的,有后向收费的(如广告),也有收取佣金的,等等。不同的商业模式的赢利模式是有差别的。

总之,"互联网+"商业模式七要素模型为传统企业进行商业模式创新指明了方向,应坚持系统推进,不可偏废,要有耐心。在业务发展不同阶段应有所侧重,如在创业阶段,为目标市场提供具有差异化的、客户体验佳的产品最重要;而在企业达到一定规模后,推进开放平台建设、打造良好的产业生态系统则更为紧迫。

商业模式创新如何才算成功?

如今,"互联网+"发展充满机遇,传统企业、互联网公司、创新创业者纷纷涌入这一"新蓝海",创业公司如雨后春笋般不断涌现,有成功更有失败。商业模式创新是企业走向成功的关键。成功的商业模式能使客户蜂拥而至争购你的产品,使你的用户规模不断扩大、流量迅速增长,使你的平台更有竞争力,也使你的竞争对手在竞争中甘拜下风。成功的商业模式没有一个定式,各个企业又具有不同的特点,关键是企业要根据自身的优劣势、市场环境的变化、客户需求的特点及企业发展的战略，科学制定。综观国内外互联网转型成功企业的商业模式创新的特点，我们认为，检验和判断商业模式是否取得成功关键要看以下四大标准：

第一，能否形成庞大的用户规模及极强的用户黏性。互联网商业模式创新能否取得成功最关键就是要看用户规模和流量，有了规模和流量，就有赚钱的机会。能否做大用户规模就成为判断商业模式创新能否取得成功的关键，也是投资者关注的重要指标。

平台用户规模是决定企业转型成败的首要因素，也是检验商业模式创新能否取得成功的"试金石"。当然，评价商业模式是否成功，不仅要看用户规模，还要看用户黏性。如果用户规模很大了，留不住用户，企业也必将为市场所抛弃。

用户黏性取决于产品和客户体验。一般而言，只要为用户提供一个好产品就足以成功。好产品在互联网时代被赋予丰富的内涵。好产品主要包括：能解决用户的"痛点"，满足用户的核心需求，能为客户提供独特的价值、极致的客户体验，不欺骗客户，价格更加实惠，等等。这需要企业从业务做起，不断提升客户体验，以良好的客户体验吸引用户，留住用户。滴滴打车无论是从产品使用的便利性、支付的快捷度，还是从整体的服务来看，都具有良好的客户体验，这是滴滴取得巨大市场成功的重要保障。

第二，能否打造成功的平台。移动互联网时代是"平台为王"的时代，打造开放平台也是互联网转型的核心。平台成功了，互联网转型就成功了，平台的成功也就是商业模式创新的成功。如今，在"互联网＋"领域做得风生水起的无不是成功打造平台的企业，如滴滴出行、春雨医生、房多多、找钢网……平台带来的商业革命已经改写了现在及未来的企业生存规则,这股浪潮已经从互联网行业蔓延到了其他很多行业。建立平台型商业模式的企业,不仅可以迅速扩张市场,还完全脱离了诸如价格战等一般层次的竞争,达到了不战而屈人之兵的境界。

第三,能否打造良好的产业生态圈。现代企业之间的竞争就是商业模式的竞争,商业模式的竞争更是生态系统的竞争。生态系统建设是商业模式创新的重要内容,能否打造良好的产业生态系统决定了商业模式的成败,决定了企业能否在市场竞争中胜出。在移动互联网时代,产品形态、业务形态、服务形态都发生了很大的变化,因此,不可能再有一家企业通吃产业链上下游的情况。打造良好的产业生态系统就是产业链各方相互合作,都能在产业链中找到自己的定位,无论上游、中游、下游,都有利可图,实现共赢发展。

近年来,我国P2P网贷呈现爆发式增长,涌现出人人贷、钱多多等众多P2P平台型企业,但同时也出现了P2P企业的倒闭潮。出现这一状况的一个根本原因就是,出现问题的P2P企业没有建立良好的互联网金融生态,没有形成用户、企业、银行等多方共赢的生态环境,缺乏有效的监管。

阿里巴巴的成功在于打造了一个庞大的商业生态系统,包括买家、卖家、支付、物流、金融、搜索等体系,这一开放以及完全自由竞争的生态圈已经改变了传统企业做生意的方式,也改变着广大消费者的消费模式。

诺基亚、摩托罗拉、黑莓、索爱……昔日的手机巨头,面对苹果

iPhone智能终端的横空出世，一个个被打得措手不及，走下神坛。当然，导致这些昔日手机巨头衰落的原因是多方面的，如缺乏创新、对市场反应迟缓、战略决策失误等，但没有建立一个有规模、可持续、健康的生态系统也是这些公司衰落的重要原因。

因此，传统企业要进行互联网转型，就必须拥抱互联网，坚持开放合作，更加注重生态系统建设，让产业链各方都能从中受益，不断提高生态系统竞争力。唯有如此，商业模式才能成功，企业才能不断发展壮大。

第四，能否重塑强大的品牌影响力。传统企业商业模式创新客观需要拓展新的市场、开发新的产品、打造新的平台、开展跨界合作和并购、提高企业形象等，这无疑离不开品牌经营。虽然，传统企业可能在社会上具有一定的品牌知名度，但在消费者心目中缺乏时代感、品牌个性和品牌联想力。尤其是作为"互联网＋"新领域的后来者，传统企业在新业务市场还未被客户所认知。面向"互联网＋"时代，重视品牌经营和重塑新产品品牌影响力关系到商业模式创新的成败。如为进行互联网转型，荣昌洗衣启用"e袋洗"这一新的品牌，通过实现传统服务业O2O模式再造和转型，从而取得了巨大的成功。然而有很多传统企业向互联网转型，拓展新的市场、新的品类，只是简单进行品牌延伸，并没有取得成功。因此，能否打造强大的品牌是检验商业模式创新的一个重要标准。

当前，从消费互联网到产业互联网，从线下到线上，从跑马圈地到活跃的资本市场……"互联网＋"正成为创新创业的热土，诞生了许多成功的新兴企业，吸引了众多投资者的关注。评价这些企业是否取得最终的成功关键要看上述四大标准，满足这四大标准，商业模式创新就是成功的。在当前我国经济转型升级中，希望能涌现出越来越多的像滴滴快的这样的"独角兽"公司。

"互联网＋"时代的八大商业模式

"互联网＋"简单地说就是以互联网平台为基础，利用信息通信技术与各行业跨界融合。"互联网＋"模式正呈现出以用户创新、开放创新、协同创新为特点的创新模式，它改变了我们的生产经营、办公、生活方式，也引领了创新驱动发展的"新常态"。

如今，全社会正在掀起"互联网＋"的热潮。"互联网＋"不只是概念，而是一种经济模式和产业形态。"互联网＋"各个传统行业要实现颠覆性的变革，关键在于商业模式的互联网化，即充分利用"平等、开放、创新、协作、分享"的互联网精神来颠覆和重构整个商业价值链。传统企业只要站在"互联网＋"的风口上坚持模式创新，必将在"互联网＋"时代实现成功转型。概括起来，"互联网＋"时代主要有八大商业模式。

平台模式

经济发展的最高境界，不是做产品，不是重质量，也不是搞标准，而是打造平台。近几年来，平台型企业发展很快，从门户网站、网络游戏、电子商务网站到社交网络、第三方支付、网络视频、互联网金融，再到创业孵化器、各种交易市场，涌现出阿里巴巴、腾讯、百度、苹果等众多重量级的成功的平台型企业,也涌现出 e 袋洗、e 代驾、饿了么、3W 咖啡以及海尔创客平台等创新型平台。

平台模式是"互联网＋"时代的重要商业模式,平台型商业模式的核心是打造足够大的平台,更加重视用户体验,能满足用户多元化的需求。平台模式最大的特征就是利用互联网力量实现与外部连接,能扩大平台边界,改变产品的研发方式,能实现对用户消费行为数据的感知传递和分析,对接用户需求,对接外部资源,进一步做大平台。因此,对于传统企业来说,要抓住"互联网＋"迅猛发展的机遇,以平台模式为抓手,加速推进企业互联网转型。

平台模式具有以下五个特征：

第一,一定要以打造核心产品为切入点,这是平台模式成功的基础,有了这个基础,才能汇聚各方力量,让平台产品更丰富、平台更具竞争力。

第二,平台实现企业与用户之间的零距离。在互联网时代,用户的需求变化越来越快,越来越难以捉摸,单靠企业自身所拥有的资源、人才和能力很难快速满足用户的个性化需求,这就要求拓展企业的边界,建立一个更大的商业生态网络来满足用户的个性化需求。

第三,平台模式要服务于某一人群,必须有足够多的用户数量。实际上,平台模式的成功证明了梅特卡夫准则,即每个新用户都因为别人的加入而获得更多的交流机会,从而使信息交互的范围更加广泛、交互的次数更加频繁。因此,"网络的价值随着用户数量的平方数增加而增加","物以稀为贵"变成了"物以多为贵"。

第八章 商业模式创新

第四，构建多方共赢的生态圈。平台是开放的，通过互联网实现与外部资源的对接，这样可以整合全球的各种资源，创造出一个竞争力足以与大企业相比拟、但是灵活性上更胜一筹的商业生态。所以，平台模式的精髓，在于打造一个多方共赢互利的生态圈。

第五，通过平台可以缩短产业链。一些传统行业价值链过长、协同性不高，行业过于强调标准化而难以满足个性化需求，不适应互联网经济的发展，但通过向平台转型可以缩短产业链，带来丰富性和多样性，实现跨界整合，借此达到"去中心化"、"去中间化"、"去边界化"转型。如房地产行业创新平台"房多多"，连接了价值链上的众多合作者，包含购房者、卖房者、开发商、地产中介和经纪人，消费者在网上获得房屋信息后，由专业的中介和经纪人帮助完成看房、交易服务等，达成买卖双方线下线上的聚合效应。

但是对于传统企业而言，不要一开始就轻易尝试做平台，尤其是中小企业不应该一味地追求大而全、做大平台，而是应该集中自己的优势资源，发现自身产品或服务的独特性，瞄住精准的目标用户，发掘出用户的"痛点"，设计好针对用户"痛点"的极致产品，围绕产品打造核心用户群，并以此为基础快速地打造一个品牌。

传统企业向平台转型，最大的挑战莫过于"新老互博"，企业必须承担在旧业务的资产与负债之下成长的新平台业务。这时企业需要思考新平台业务与原有业务到底是冲突的还是协同的。关键就是要坚持互联网转型的正确方向，不能为一时的"互博"而错过"互联网＋"发展机遇。中国移动飞信的没落就是在传统业务与新兴业务互搏上一直摇摆不定，没有加大投入，从而错失进一步发展的

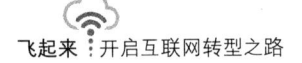

良机。

免费模式

　　传统商业的思维模式下，产品收费天经地义，然而在互联网经济发展中，社交工具、杀毒软件、打车软件、新闻资讯以及99%以上的APP等产品不仅不收费，甚至还花费大量补贴来吸引用户使用。腾讯的微信、百度的搜索、360的杀毒软件等都因采取免费模式而取得了巨大的成功。甚至一些互联网企业生产的硬件，如手机、可穿戴设备、电视，以零利润与传统企业竞争，通过近乎免费的方式获取了巨大的用户群，迅速占领市场，形成知名品牌和粉丝经济，并在此基础上通过广告、增值服务等其他方式来打造高附加值的价值链。如小米手环只卖79元，以其高性价比迅速得到市场的认可，取得可穿戴设备市场占有率第一的佳绩，现在每月销量超过100万个。

　　在2015年3月中国举行的"博鳌亚洲论坛2015年会"上，奇虎360董事长周鸿祎表示：免费是最容易获取用户的手段，微信就是用免费的方式把短信颠覆了。然后每天给用户推游戏、推广告，一年赚的钱可能数以千亿。如果他自己当中国移动老总，就上网免费、电话免费，真正都免费。看来，免费模式的确是进入互联网经济的重要模式，它是"互联网+"模式不可分割的一部分。

　　如果有一种商业模式既可以统领未来的市场，也可以挤垮当前的市场，那就是免费模式。信息时代的精神领袖克里斯·安德森在《免费：商业的未来》中归纳了基于核心服务完全免费的商业模式，指出免费模式的核心是通过免费来获得用户规模和用户流量（如 PV 等），一旦用户和流量达到一定规模，就可能找到可以变现的盈利产品。因为在互联网上应用若要收费，则用户就会去找同质化的免费产品，可以说免费模式是众多互联网公司成功的关键。对于实施"互联网＋"战略的企业来说，想一开始就赚钱，有这样的想法注定会失败。

O2O 模式

现在，但凡人们能想到的服务，大部分都能够实现上门。特别是近年来，这股风潮吹得更加猛烈，洗衣、洗车、足浴、美甲、美容、烧菜……足不出户，就能在家享受一系列的上门服务。如今 O2O 模式几乎涵盖了人们工作、生活的方方面面，O2O 发展十分迅猛。

O2O 模式就是指利用互联网实现线上线下的紧密结合，从而为用户提供便捷的服务体验。O2O 模式也给我们的生活带来了很多便利。对于消费者来说，可以享受更多优惠、更好的服务。对于商家来说，可以增加更多的客户，开展精准营销，实现商业模式创新和拓展多元化赢利模式。

O2O 模式从应用场景来看，主要包括以下两种：一是线上到线下（Online to Offline），用户在线上购买或预订服务，再到线下商户实地享受服务，目前这种类型比较多；二是线下到线上（Offline to Online），用户通过线下实体店体验并选好商品，然后通过线上下单来购买商品。

O2O 模式的核心是线上交易、线下体验。随着互联网的快速发展、用户消费习惯的养成、移动支付的成熟、商家互联网化意识的增强，O2O平台的各类应用层出不穷。

近年来，互联网公司、传统企业、创业企业加速O2O模式布局，O2O市场呈现一派繁荣景象。我们熟知的滴滴快的、e袋洗、e代驾、房多多、大众点评就是O2O模式应用的典型代表。尤其是BAT加速O2O生态圈布局更是引人注目，如腾讯2014年3月战略投资大众点评，腾讯还参投了滴滴出行、e家洁、e袋洗等O2O公司；百度2014年全资收购糯米网，2015年承诺三年内投资百度糯米200亿元；2015年8月，阿里战略投资苏宁云商，占股20%，这是阿里推进线上与线下全面融合的一个标志性事件。

在当前国家大力倡导"大众创业，万众创新"的环境下，"从线上到线下"或"从线下到线上"的这种模式受到社会各界广泛追捧，也是"互联网＋"创业的重要领域。2015年政府工作报告中提出要"把以互联网为载体、线上线下互动的新兴消费搞得红红火火"，将O2O模式推到了一个新高度。在"互联网＋"时代，好产品和好服务依然是王道，O2O如果想腾飞，必须搭载优质产品与服务才能"飞"起来。

如今，O2O发展迅猛，但受2015年8月国内股票市场暴跌影响，资本市场突遇"寒冬"，此前依靠融资补贴、靠烧钱实现扩张的O2O市场经历了巨大震荡，甚至出现了所谓"O2O死亡潮"，给O2O市场带来新一轮洗牌。滴滴快的、美团点评、携程去哪儿等多起合并事件正预示着O2O未来的走向。任何行业未来可能都会以类似滴滴快的这样的方式，先竞争然后在资本的推动下发生合并、并购,这可能是一个趋势。

生态模式

开放合作成为当今世界的最大特点。如今,任何企业都不可能拥有经营所需的所有资源,而必须与外部企业合作,打造良好的产业生态系统,才能做大市场、做大产业,实现共同发展、共同繁荣。因此,生态系统建设越来越受到企业界的重视。英国著名经济学家克里斯多夫说过,市场上只有产业链而没有企业,企业之间的竞争就是产业链与产业链之间的竞争。

"商业生态系统"一词是由美国战略学者詹姆斯·穆尔于1993年在《哈佛商业评论》所发表的"捕食者与被捕食者:竞争的新生态学"一文中首先提出的。产业生态系统是指在一定时间和空间内由相关产业链各方企业、消费者和市场与其所在的环境组成的整体系统。良好的生态模式关键在于价值链各方相互合作、目标一致、风险共担、利益共享,共同构建一个有利于快速、有效地推动产业发展的整体,任何一方不予合作或合作积极性不高,都将对产业健康发展产生影响,甚至导致产业发展的滞后或失败。

BAT之所以强大,关键在于它们不断通过资本经营、战略投资、加强产业合作等手段打造一个强大的生态系统。2011年以来,阿里巴巴收购和入股了高德地图、文化中国、UC优视科技,并入股陌陌、新浪、银泰、海尔电器、华数传媒、优酷土豆、快的打车等;腾讯收购和入股了滴滴打车、大众点评网、58同城、四维图新、京东等;百度收购和入股了91无线、PPS、糯米网、爱奇艺、去哪儿、Uber等。

BAT 通过这一系列资本经营活动构筑完整产业生态，实现了交易闭环。

传统企业也积极拥抱互联网，加强与互联网公司等合作，打造产业生态。如 2014 年 8 月，上汽集团与阿里巴巴在上海签署了"互联网汽车"战略合作协议，双方将发挥各自优势，积极开展在"互联网汽车"和相关应用服务领域的合作，共同打造面向未来的"互联网汽车"及其生态圈。可喜的是，双方联手打造的互联网汽车于 2016 年 7 月正式面世，树立了互联网汽车新的里程碑。2014 年 8 月，万达集团联手百度、腾讯，共同出资成立万达电子商务公司，实现强强联合，充分发挥各自优势，共同开创全球领先的 O2O 电子商务模式。2015 年 4 月，TCL 集团正式宣布与腾讯、未来电视达成战略合作，整合三方优势资源，形成基于互联网电视的播控平台，打造最强的互联网内容生态圈，为用户提供良好的产品和服务。

从以 BAT 为代表的互联网公司到传统企业的实践来看，生态模式已成为其市场制胜的重要战略选择。生态模式的关键是要坚持开放合作。如今，单打独斗、什么都要自己做已经成为过去。互联网是开放的，企业实施互联网转型，就需要摒弃封闭、迎接开放。故步自封，永远难有新的发展。开放就是无边界。如今越来越多的企业都奉行开放合作战略，不仅对内部全员开放，更重要的是对外部开放，做到外部的资源可以顺畅地进来，内部资源实现对外共享。开放的最终目的就是有效整合内外部资源，聚焦价值链合作伙伴，打造良好的生态环境，提高企业的竞争力。360 进入智能家居领域，就秉承开放理念，打造真正的开放平台，让更多不同类型和不同品牌的产品能够实现互联互通，构建开放共赢的生态圈。周鸿祎表示：开放是 360 智能家居所要打造的生态体系的基石，吸引更多的合作伙伴是 360 智能生态圈的重中之重。如今，360 智能家居平台已吸引了海尔、老板、奥克斯、希盟、咚咚音响等数十家品牌企业加入。

企业实施互联网转型，要牢固树立开放思维，以顾客需求为圆心，以优质服务为半径，主动走出去，进行跨界的行业合作，通过互联网主动对接客户、对接市场、对接社会，加强产业链合作，将会获得更多的优质资源，获得更为广阔的发展空间。

像苹果、BAT 等公司生态模式成功的背后，重要原因就是这些企业拥有强大的核心竞争力。苹果公司正是拥有强大的创新能力、追求极致的客户体验，从而有效整合内外部资源，构筑苹果产业生态。因此，对于互联网转型企业来说，推进生态模式，打造产业生态圈，不能忘记企业生存之本——拥有核心竞争力。只有建立在强大核心竞争力基础上的产业链合作才最为有效，也最为牢靠。

互联网转型企业应注重锻造哪些核心能力呢？当然任何企业不可能在所有方面都做得最好，只要在产业链中某个环节能做好就足以活得很好。没有对客户需求的深入洞察，难以开发好的产品；没有好的产品，不可能聚集产业链上下游合作伙伴；没有技术门槛，创新容易被复制，企业也难以成功；没有商业模式的创新，企业发展沦为平庸，赢利变得困难，这怎么能构建产业生态系统？！因此，打造企业核心竞争力要根据每个企业实际状况灵活确定，打造企业核心竞争力可以从产品创新、提高技术门槛、提高客户体验、商业模式创新、整合内外部资源能力等方面综合考虑。

当然，打造产业生态的方式多种多样，有成立战略联盟，有战略投资，也有并购，等等。但无论通过哪种方式，一定要以为客户提供具有竞争力的产品为中心，以打造开放平台为目标，系统推进，关键是要善于运用资本经营的手段，进行产业生态的布局。

平台为进入拓展市场创造了无限的机会，没有广阔的平台空间，生态系统建设就没有很好的生长土壤，企业永远无法做到真正的强大。尤其在"互联网＋"时代，传统企业要永续经营，成功转型，生态系统建设、平台经营乃至赢利模式创新将是企业市场制胜不可或缺的法宝。

总之，面临内外部环境发生了深刻变化，我国企业要能获得持续健康的发展，关键在于打造良好的产业生态系统，这需要以互联网思维为指导，产业链各方携起手来，不断创新商业模式，共同为产业的健康发展而不懈努力。

跨界融合模式

如今，"跨界"这个词在资本市场与实业界出现的频率越来越高，苏宁转型电商了，万达要做O2O，互联网公司、电信运营商纷纷进军互联网金融领域，传统金融机构纷纷"触网"。一场由技术创新引发的商业和社会变革已经到来，全新的商业生态正在重塑。在"互联网＋"时代，行业之间的界限变得模糊，跨界、跨行业成为社会经济发展的新常态，互联网与传统行业深度融合步伐正在加快。传统企业必须适应跨界融合的大趋势，以跨界融合推进企业互联网转型。

随着互联网和新技术的发展,产业的边界变得模糊,互联网企业的触角已无孔不入,如零售、金融、通信、娱乐、交通、汽车、媒体等。从最开始的苹果跨界进入手机行业,颠覆诺基亚;微信跨界进入通信领域,颠覆运营商的语音和短信业务;特斯拉进入汽车产业,引发汽车产业的革命;到现在如火如荼的互联网金融颠覆传统银行的巨大影响,让人们领略到跨界融合的巨大革命力量。

如今,我们进入"互联网+"时代,企业之间的竞争不只是产品的竞争,更是跨界的竞争。在这技术大发展大变革的时代,也是各行业的边缘越来越模糊的时代。随着互联网和移动互联网在各行业的渗透,大大降低了企业跨界竞争的壁垒,使跨界成为一种竞争新常态。跨界对于企业本身,也是一种自我革命。

"互联网+"中的"+"隐含的意义就是要进行跨界合作,要求传统企业与互联网公司紧密联手。万达与腾讯、百度的合作,上汽与阿里巴巴的牵手,美的与小米的结缘,乐视与北汽的联盟等,都是"互联网+"跨界合作的生动体现。"互联网+"时代,任何企业要想取得成功,就必须善于运用跨界思维,拓展企业边界。

"互联网+"的跨界融合模式,要求企业以打造生态系统、培育新的业务增长点为目标,坚持合作共赢、风险共担、利益共享,加强产业合作,尤其要运用并购、投资入股、成立合资公司等资本经营的手段,快速进入新的业务领域,获得新的技术和人才,弥补自身的不足,不断增强企业的竞争力。

互联网为什么能够如此迅速地颠覆传统行业呢?互联网颠覆

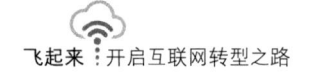

实质上就是利用高效率来整合低效率,对传统产业核心要素的再分配,也是生产关系的重构,并以此来提升运营效率和结构效率。互联网通过减少中间环节的方式,减少所有价值创造环节不必要的损耗,减少产品从生产到进入用户手中所需要经历的环节。因此,只要抓住传统行业价值链条中的低效或高利润环节,利用互联网工具和互联网思维,重新构建商业价值链就有机会获得成功。

在"互联网+"时代,行业边界正在被不断打破,跨界的大潮已然不可阻挡,一场跨界共赢的盛宴正在上演!

共享经济模式

在 2016 年全国两会上,国务院总理李克强在政府工作报告中两次提到"分享经济",强调要大力推动包括共享经济等在内的"新经济"领域的快速发展:"以体制机制创新促进分享经济发展,建设共享平台,做大高新技术产业、现代服务业等新兴产业集群,打造动力强劲的新引擎。""支持分享经济发展,提高资源利用效率,让更多人参与进来、富裕起来。"作为互联网时代下的"新经济"、"新商业"形态,"分享经济"正在改变传统的经济模式。

近年来,分享经济的商业模式在全球范围迅速崛起,以 Uber、Airbnb、WeWork 为代表的共享经济商业平台,以超乎想象的速度影响和改变着人们的生活方式、商业的运行模式、组织的管理模式,也对传统领域带来了巨大冲击和压力。在中国,从 2012 年的出行领域开始,共享经济的商业模式在更多的行业和领域显现出来,从出行到短租平台,从物品的分享到技能、知识的分享,从 C2C 到

B2B，一大批创业者和创新者在这条道路上探索前行。据统计，2015年中国分享经济市场规模约为19 560亿元，参与分享经济活动的总人数已经超过5亿人，主要集中在金融、生活服务、交通出行、生产能力、知识技能、房屋短租六大领域，诞生了滴滴快的、神州租车、饿了么、木鸟短租、小猪短租等新兴成长性的公司。预计未来五年，分享经济年均增长速度将在40%左右，到2020年分享经济规模占GDP比重将超过10%。

共享经济模式就是通过平台将社会闲置的资源共享给别人，从而提高社会闲置资源利用率，进而获得相应的回报。共享经济模式具有如下几个特征：

1. 共享经济商业模式本质就是平台模式。在互联网高度发达的今天，共享经济模式通过互联网连接供应者与需求者，而双边又互为条件，相互促进。它通过互联网平台进行整合，突破了时间和空间上的限制，把大量的"闲置"资源重新配置，重新加以利用。这显然顺应了绿色消费、绿色生产和可持续发展的大趋势。互联网的快速发展和普及是促进共享经济模式迅猛发展的重要原因。

2. 可供共享的东西有很多，不仅包括车辆、办公场所、房屋等有形实物，也包括时间、知识、兴趣、经历、信息等。如微博是基于用户关系的信息获取、分享及传播平台；微信是一个帮助用户与现实生活中的朋友、同事及周围的人保持联系并分享生活体验的社交工具；大家熟悉的淘宝网，其实也是一个分享平台，它把成千上万的商品、广告、厂商、消费者甚至信用等各类信息实现透明化、平台化，从而大大提高了交易效率，同时也扩大了社会消费需求。

3. 共享经济模式是真正的"人人参与，人人分享"。共享经济商业模式的特征是通过运用大数据和互联网平台，动员人人参与、人人分享，在分享中相互提供便利，共享各类数据、信息，利用公共资源，相互开放共享，因此分享的过程也就是"我为人人，人人为我"的合作与创新发展过程。从这一点来说，分享模式有利于真正实现大众创业万众创新，有利于推动中国经济加快结构调整和转型升级，有利于推动中国经济走向创新驱动发展的新常态。

4. 共享经济赢利模式十分丰富。近年来，随着互联网的快速发展和普及，共享经济模式发展迅猛。Airbnb 是前景广阔的新型"共享经济"最成功的例子之一。自 2008 年 8 月成立以来，Airbnb 发展十分迅猛，目前全球订房用户超过 3 500 万户，在全球 190 个国家拥有 200 万套房源，估值超过 250 亿美元，成为传统酒店业的挑战者，Airbnb 出租房源总量已远远超过了这个行业的巨头希尔顿和万豪酒店。目前，Airbnb 的主要赢利模式是从房东与租客交易中抽取佣金。对房东来说，Airbnb 平台每完成一笔交易，Airbnb 将向房东抽取成交金额的 3% 作为房东服务费，用于支付处理房客付款所产生的费用，不包含在房东对房客的收款中。对租客来说，在 Airbnb 网络平台上每完成一笔预订，Airbnb 将向房客收取 6%～12% 的服务费，用于支付网站运营的费用。可以想象，随着 Airbnb 平台规模进一步做大，Airbnb 赢利模式将更趋多元化。从社交共享平台（如微信、微博）来看，它们的赢利模式十分丰富，如微信的盈利源十分丰富，有直接收费的功能，如部分表情商店和游戏道具，也有通过合作运营进行推广的业务，还有利益分成，等等。

共享模式，是一种新的基于互联网技术的商业模式。互联网技术的发展大大降低了人们进行共享的成本，人们可以很轻松地在网上找到他们所需的商品，还可以将自己闲置的资源分享给他人，从而赚取一些收入。共享经济既能激活闲置资源、提高资源配置效率，也能让参与者收获分享红利，实现多方互利共赢。以目前相对较为成熟的交通出行来说，拼车服务能减少55%的交通拥堵，在节约了道路资源和能源消耗的同时，还可以分摊用车方的车辆费用，对于使用者、出让者以及社会都是多赢的结局，当然对于平台方来说，也可以获取不菲的利润。

其实商品分享的概念并非最近才出现，但是借助数字技术的发展，如今的消费者利用互联网将分享经济带到了一个新高度。传统的企业与消费者之间的界限正在不断弱化。人们开始逐渐放弃传统的商品和服务的购买方式，转而在互联网上寻找商品、分享服务，以这种更加方便、高效，而且价格低廉的新方式来满足自己的需求。

随着互联网的发展、科技的创新、大数据的发展、消费观念的转变以及对绿色和可持续发展理念的深化，共享经济模式正成为一种新的经济形态，正成为互联网经济时代新的"风口"。在分享经济蓬勃发展的今天，必将诞生更多的"独角兽"企业，必将在促进消费、拉动内需、扩大就业方面发挥越来越重要的作用。

闭环模式

互联网经济正在快速颠覆现有的产业格局、边界与传统的商业模式,且越来越快、越来越猛烈。商业模式创新的本质就是构建价值创造过程,最终实现赢利模式的创新。"互联网+"时代使企业边界在变化、行业界限变模糊,企业在转型中找到切入点就更为关键。着眼于企业实际,探讨如何通过"互联网+"思维寻求新的突破,推动商业模式创新和转型关系到企业互联网转型的成败。

一个基本的商业模式应该具备三样东西,即资金流、信息流和物流。围绕信息流、资金流、物流打造商业闭环是互联网转型有效的策略选择。苏宁、阿里、京东等公司都是打造商业模式闭环的杰出代表。信息流是指最终用户的需求和建议怎样传递给服务的提供者;物流是指服务或产品怎么送到最终用户手中;资金流是指用户购买产品和服务怎么进行支付。传统企业在构建商业模式时需要从这三个方面入手,打造完整的内部商业生态。

第一,怎样更迅速、更及时地、不走样地把握客户的需求,这需要传统企业充分利用打造的平台、互联网工具(如微信、微博等)深入洞察客户需求,开展大数据分析,提升数据价值,从而为商业模式创新、目标市场选择、产品创新提供有效支撑。

第二,打造物流体系,实现产品价值。对企业为客户提供的无形的、数据化的互联网产品和服务,可以直接通过互联网进行价值传递、价值实现。如果是有形的产品则要考虑怎样通过互联网改善物流,需要实现线上线下的有效结合,或者通过与物流公司、互联网公司合作,打造线上线下无缝服务体系,或者构建"互联网+物流"的体系,如马云打造的菜鸟网络(CDN)就是通过互联网构建的庞大物流体系。

第三,建立第三方支付渠道,实现对资金流的循环。为什么越来越多的公司都在做第三方支付,例如阿里的支付宝、腾讯的财付通和微信支付、百度的百付宝和百度钱包、新浪的新付通、中国电信的翼支付,再比如,苏宁、中兴、万达等"重"公司也在打造支付渠道,等等,这些都是为了实现商业模式的闭环,从而打造商业模式生态圈。更为重要的是,通过建立支付渠道,可以打通内部生态,实现对客户消费行为数据的掌控。"互联网+"时代,谁掌控数据,谁就掌握未来。

第四,进行线上线下布局,打造闭环生态体系。第一种闭环类型是从线上到线下实现闭环,主要是互联网公司整合线下资源,来打造自己的闭环生态圈。代表企业是BAT等互联网公司,它们由线上向线下延伸,都在补线下实体店的缺口,如阿里通过战略投资和收购苏宁、海尔日日顺、银泰商业、文化中国、快的打车等线下企业,成立菜鸟网络科技有限公司,进行线上线下布局。第二种闭环类型是从线下到线上实现闭环,主要是顺应互联网发展趋势,由线下向线上延伸,打造O2O闭环生态。代表企业是大型零售企业,例如万达百货、银泰百货、苏宁电器等实体型企业。这种闭环模式成功的关键是打造支付体系和互联网平台。第三种闭环类型是深入推进垂直一体化,从而打造闭环。最具代表性的企业就是乐视,它构建了"智能终端+互联网平台+内容服务"的生态模式,积极向产业链上下游延伸,进行垂直一体化整合,构建完整的闭环生态。这种闭环模式下企业进入领域广,不够专注,加大了整合难度。

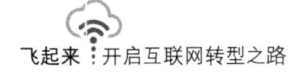

闭环商业模式本质上是生态模式的应用。"互联网＋"时代,闭环商业模式更具市场竞争力,应是传统企业互联网转型追求的目标。

长尾模式

长尾这一概念最早是由《连线》杂志主编克里斯·安德森在2004年10月的"长尾"一文中提出的,这个概念描述了媒体行业从面向大量用户销售少数拳头产品,到销售庞大数量的利基产品的转变。虽然每种利基产品相对而言只产生小额销售量,但利基产品销售总额可以与传统面向大量用户销售少数拳头产品的销售模式媲美。

互联网的快速发展和普及是长尾模式发展的重要条件,互联网能使产品直接面对消费者,大大降低用户的购买成本,同时也提高了产品提供商服务消费者的效率,能通过互联网平台满足用户个性化的需求。长尾模式的核心是"多款量少"。长尾模式需要低库存成本和强大的平台,并使得利基产品对于兴趣买家来说容易获得。

C2B、C2M是长尾模式的最生动的体现。C2B连接的是消费者和品牌企业,C2M强调根据消费者的需求定制产品,不同的是,C2M直接连接消费者和制造工厂,砍掉所有中间环节,可以让消费者以更低价格买到高性价比的产品。当前消费需求正呈现个性化、多样化趋势,随着互联网以及移动互联网的快速发展,正开启C2B、C2M的新时代,由大众消费向大规模定制化转变是大势所趋。

大规模标准化生产模式已经不再适应新时代的需要,小批量、个性化、多样化的生产模式悄然兴起。通过信息化技术,生产企业可以掌握分散顾客的个性化需求数据,消除原来由中间流通环节造成的信息不对称,从而可以根据不同地区和不同文化的消费者的不同需求,定向生产个性化产品,融入创意元素,形成企业核心竞争力。C2B、C2M 具有代表性的企业主要有 Zara、青岛红领集团、韩都衣舍、商品宅配以及海尔互联工厂等。下面就简要介绍红领集团 C2M 模式。

案例:红领集团 C2M 模式

青岛红领集团是一家主要做西服个性化定制的企业。在互联网时代,红领在"互联网＋服装定制"领域进行探索,凭借着新型互联网商业模式,发展出了自己的个性化定制的 C2M 模式,实现了互联网与工业化的深度融合,将红领集团打造成了一个 C2M 的智能工厂。

红领集团 C2M 模式,是以面向终端消费者的定制平台为依托,运用互联网和大数据建成全程数据驱动的智能工厂,实现个性化定制的大规模工业化生产。消费者可以通过魔幻工厂手机 APP 直接在网上下单,自主选择设计元素,将自己的量体数据输入后就可实现个性化定制。消费者自己在终端设计完衣服之后,进入工厂 7 个工作日就可以交货,且每件衣服都不一样。

红领集团 C2M 模式具有如下特点:

1. 打造定制化平台。为推进个性化定制,红领开发了一个定制直销平台——魔幻工厂手机 APP,以红领的服装定制为切入

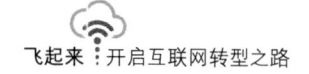

点,先吸引用户使用这个平台,积累平台流量,平台并对其他制造企业开放,让其他制造企业接入平台,获得用户的订单。

2. 数据驱动的智能工厂。从前端用户需求的采集,到需求传递、需求的满足,全部通过数据驱动。任何一项数据的变动都能驱动其余9 000多项数据的同步变动。在红领,每一套衣服都有一张"身份证"。

3. 直接面对消费者。红领集团的C2M模式能够取消所有的中间渠道,直接面对消费者,满足消费者个性化需求,能够让更多的人享受以前只有少数人才享受得起的定制服装。在红领集团,每位员工都自发地围绕消费者需求开展工作。由于直接面对消费者,从而避免了传统渠道的层层加价。

4. 实现零库存。红领集团实行定制化服务,"先付款,再生产"是红领集团的一大特点,红领流水线上的每一件衣服其实都已经销售出去了。这就解决了现金流问题,实现了真正的零库存,节约了大量成本。

从2003年开始转型做定制化服务,经过10多年的探索,投入数亿元资金,还专门成立了酷特智能公司,创造了一种叫SDE (Source Data Engineering)的"互联网+工业"的整套解决方案,红领终于从一家传统的批量生产服装厂蜕变为以数据驱动的大规模定制工厂,不仅做到了一人一款、一人一版的个性化定制,而且通过先卖后做实现零库存,解决了服装行业最头疼的库存积压问题。现在红领每天能生产2 000套定制西装,成本只有批量生产的1.1倍,收益却能达到2倍以上。客户从下单到收到成衣,只需7天时间。同时，为适应商业模式转型，红领集团实行了去部门化、去领导化、去科层化的扁平化组织架构，砍掉了80%的中层管理者，工人减少了30%，效率却提升了20%。

总之，时代在进步，科学在发展，市场在变化，未来必将是一个商业模式更加多元化的时代。商业模式的创新没有定式，只有遵循规律，坚持创新，走差异化的道路，才有可能打破既有的产业格局，才有可能赢得市场。

商业模式创新的四大思维

美国施乐公司曾被认为是21世纪重大发明最多的一家公司，然而它发明了图形技术，成就的却是苹果公司；发明了打印机，成就的却是惠普；发明了Office，成就的却是微软。在伟大的创新导师乔布斯看来，施乐公司最缺乏的是把技术转换成市场价值的商业谋略。也就是说，施乐缺乏商业模式创新能力。

商业模式创新是当今企业获得核心竞争力的关键。沃尔玛、亚马逊、Zara、苹果、阿里巴巴等企业都是因为它们独特而具有竞争力的商业模式而异军突起，在各自竞争激烈的行业中成为领袖。

商业模式创新的本质就是"突破"，要突破传统的思维模式，找准新的战略定位，选准市场切入点，突破固有的经营模式，强化与互联网技术的结合。

第一,战略思维。企业做大做强要做两件事情:一是抬头探路;二是低头做事。前者是战略,后者是执行。商业模式创新属于后者,必须服务于公司战略。战略解决的是企业要做什么、不做什么、做到什么程度、发展的目标是什么等,这些都是战略问题,企业必须要明确。如滴滴打车成立之时也没有提出宏大的目标,就是为了解决司机与乘客之间的信息不对称问题,通过移动互联网和智能手机来打破信息的壁垒,并围绕这一战略打造互联网打车平台,从而取得了成功。因此,商业模式创新必须以战略思维为指导,围绕公司发展目标、战略定位有效开展,只有两者高度统一、相互促进,商业模式创新才能助力企业转型和发展。

第二,平台思维。平台不是互联网专利,实体经济也是有平台的,如农产品交易市场、邮币交易市场、证券交易所等。如今,进入"互联网+"时代,互联网的快速发展创造了一个新的业态,平台则是进入互联网的通行证。房多多、e代驾、滴滴打车、饿了么、3W咖啡以及海尔创客平台等之所以取得市场的成功,关键在于与互联网结合,打造开放平台。

商业模式创新必须运用平台思想,通过产品创新、平台规则、平台运营机制、合作模式创新,聚合双边或多边市场,打造有关利益方共赢的商业生态圈,实现平台模式的变革。

第三,用户思维。商业模式首先要解决的就是为谁服务、为客户提供什么的问题。商业模式创新的最终目的是实现产品价值,产品价值最终取决于产品是否满足客户需求。做到这些就必须坚持客户导向,一切从客户的角度出发,深入洞察客户需求;同时,要明确目标市场,通过差异化产品和服务,满足客户的不同需求。

互联网打破了信息不对称,使得信息更加透明化,使用户获得更大的话语权。互联网发展为企业洞察客户、挖掘客户潜在需求提供了非常有效的手段,能把"以客户为中心"真正落到实处。只要坚持用户思维,在客户洞察、客户分析、与客户互动、提升客户价值上下功夫,商业模式创新必将走向成功。

第四,创新思维。创新是互联网的精髓,也是商业模式创新的灵魂。商业模式创新要善于以创新的思维方式打破传统思维模式的束缚,创新地拓展互联网与传统行业的深度融合,要善于突破利益固化的藩篱,要有不走寻常路的勇气,以差异化赢得竞争。如家快捷酒店的创始人并不懂得酒店经营管理,然而他却带领团队用4年时间就实现了在纳斯达克上市,为何他能取得成功?因为他虽然不懂酒店经营,但商业运营经验非常丰富。在大部分酒店采取购买场地之时,如家采用的是租赁这一轻资产运作模式,当高档酒店和低端旅馆林立之时,如家却在其中找到中间市场,最终走向成功。同样,360在传统杀毒软件公司收费的情况下,逆向操作,实行360安全卫士永久免费,从而确立了其市场优势地位。

商业模式创新的四种方法

商业模式创新是价值创造、价值传递、价值实现、价值提升的过程。据此,商业模式创新主要有四种方法:改变收入模式、改变企业模式、改变产业模式和改变技术模式。

改变收入模式就是改变一个企业的用户价值定义和相应的利润方程或收入模型。这就需要企业从确定用户的新需求入手。这并非是市场营销范畴中的寻找用户新需求，而是从更宏观的层面重新定义用户需求，即深刻理解用户购买你的产品需要完成的任务或要实现的目标是什么。其实，用户要完成一项任务需要的不仅是产品，而是一个解决方案。一旦确认了此解决方案，也就确定了新的用户价值定义，并可以此进行商业模式创新。

国际知名电钻生产企业喜利得公司就从此角度找到用户新需求，并重新确认用户价值定义。喜利得一直以向建筑行业提供各类高端工业电钻著称，但近年来，全球激烈竞争使电钻成为低利标准产品。于是，喜利得通过专注于用户所需要完成的工作，意识到它们真正需要的不是简单的电钻，而是在正确的时间和地点获得处于最佳状态的电钻。然而，用户缺乏对大量复杂电钻的综合管理能力，经常造成工期延误。因此，喜利得随即改动它的用户价值定义，不再出售而是出租电钻，并向用户提供电钻的库存、维修和保养等综合管理服务。喜利得公司通过重新定义用户价值变革其商业模式，从硬件制造商变为服务提供商，并把制造向第三方转移，同时改变赢利模式。戴尔、沃尔玛、道康宁、Zara、Netflix 和 Ryanair 等都是如此进行商业模式创新的。

改变企业模式就是改变一个企业在产业链中的位置和充当的角色，也就是说，改变其价值定义中"造"和"买"的搭配，一部分由自身创造，其他由合作者提供。一般而言，企业的这种变化是通过垂直整合策略或出售及外包来实现的。如谷歌在意识到大众对信

第八章 商业模式创新

息的获得已从桌面平台向移动平台转移,自身仅作为桌面平台搜索引擎会逐渐丧失竞争力,就实施垂直整合,大手笔收购摩托罗拉手机和安卓移动平台操作系统,进入移动平台领域,从而改变了自己在产业链中的位置及原有商业模式,由"软"变"硬"。IBM 也是如此。它在 20 世纪 90 年代初期意识到个人电脑产业无利可图,即出售此业务,并进入 IT 服务和咨询业,同时扩展它的软件部门,一举改变了它在产业链中的位置和它原有的商业模式,由"硬"变"软"。甲骨文(Oracle)、礼来(Eli Lilly)、香港利丰和 Facebook 等都是采取这种思路进行商业模式创新的。

改变产业模式是最激进的一种商业模式创新,它要求一个企业重新定义本产业,进入或创造一个新产业。如苹果 iPhone 的问世,重新定义了智能手机的概念,从而改变传统功能机产业发展模式,尤其是苹果创造了"iPhone+Appstore"的商业模式,从而扩大了其产业边界,使苹果赚得盆满钵满。亚马逊也是如此。它正在进行的商业模式创新是向产业链后方延伸,为各类商业用户提供物流和信息技术管理的商务运作支持服务,并向它们开放自身的 20 个全球货物配发中心,并大力进入云计算领域,成为提供相关平台、软件和服务的领袖。

第四种方法是改变技术模式。正如产品创新往往是商业模式创新的最主要驱动力,技术变革也是如此。企业可以通过引进激进型技术来主导自身的商业模式创新,如当年众多企业利用互联网进行商业模式创新。当今,最具潜力的技术是云计算,它能提供诸多崭新的用户价值,从而为企业进行商业模式创新提供契机。另一项

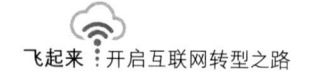

重大的技术革新是 3D 打印技术。一旦成熟并能商业化,它将帮助诸多企业进行深度商业模式创新。如汽车企业可用此技术替代传统生产线来打印零件,甚至可采用戴尔的直销模式,让用户在网上订货,并在靠近用户的场所将所需汽车打印出来。

改变技术模式的一个典型案例就是美国 AT&T 正在实施的 Domain2.0 计划,通过引入 SDN、NFV 等关键技术,实现向软件公司的转型。基于网络虚拟化、开放化和云化,AT&T 业务模式发生了变革。如今,AT&T 能为用户提供"按需服务"(On-Demand Service),并向社会提供开源平台,加速创新生态建设。很显然,AT&T 通过技术变革推进了企业转型升级,并实现了企业模式和业务模式的创新。

当然,无论采取何种方式,商业模式创新需要企业对自身的经营方式、用户需求、市场竞争、产业特征及宏观环境具有深刻的理解和洞察。这才是成功进行商业模式创新的前提条件,也是最困难之处。

第九章

推进跨界融合

跨界融合是指企业从一个行业跨越到另一个行业。跨界融合就发生在我们身边，格力跨界做手机，阿里移情"菜鸟"、投资足球、进入医疗和健康行业、联合上汽进入汽车行业，谷歌跨界开发无人驾驶汽车，苏宁跨界做互联网金融、智能家居，万达要做O2O，苹果战略投资滴滴出行，我国三大电信运营商也跨界做起了互联网金融……尤其是互联网的迅猛发展，不断推进各行各业的跨界融合，"互联网＋金融"、"互联网＋健康"、"互联网＋教育"、"互联网＋农业"、"互联网＋旅游"……跨界融合成为近年来较为流行的一个词。

一场由技术创新引发的商业和社会变革已经到来，一个全新的商业生态正在重塑！"互联网＋"时代，行业的界限变得模糊，这时候我们发现，跨界、跨行业成为社会经济发展的新常态，更为重要的

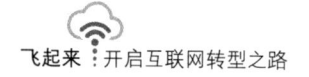

是,跨界与融合将会是中国经济升级的大势所趋,也是我国传统企业加快互联网转型的重要战略选择。

跨界融合成为"互联网+"新常态

跨界融合正在加快。从互联网产业本身来看,互联网产业链正在进行更广泛的垂直整合,电信运营商、内容服务商、系统集成商、终端厂商、设备制造商等加速将自身业务向产业链上下游延伸,打造硬件、软件、应用服务的一体化,抢夺"互联网入口"。这在互联网手机、互联网电视领域尤为明显。如小米既做手机,又做互联网电视,还做路由器、智能家居、汽车、净水器和手环,通过垂直一体化整合,打造小米生态圈。再比如家电企业加速转型,家电企业与互联网智能企业合作进行研发,两类企业间的界限越来越模糊,家电与互联网的跨界融合已经从趋势转为常态。从产业发展的外部来看,互联网与零售、金融、教育、医疗、汽车、农业等传统产业的跨界融合正在加速,产业边界日渐模糊。一方面,传统企业积极向互联网迈进,纷纷"触网",积极与互联网公司合作;另一方面,互联网企业加速向传统行业进军,阿里巴巴、百度、腾讯等纷纷进入金融、教育、文化、医疗、汽车等行业,互联网教育、互联网娱乐、互联网医疗等正呈现快速发展之势。随着大数据、云计算、移动互联网的发展,互联网与传统经济、传统产业融合更加深化。不仅如此,它们相互之间的融合正在加速。移动互联网前所未有的传播速度,云计算超强的存储和计算能力,大数据强大的挖掘能力,联袂在向生产、生活领域深度渗透,成为我国经济转型升级的新引擎。

从"互联网＋"的内涵来看,跨界融合是"互联网＋"的必然选择。"互联网＋"是借助互联网对传统企业进行技术改造,提升传统企业的竞争力,利用信息技术手段提升内部管理和提升客户体验,加强产业链上下游的协同。"互联网＋"促进传统产业与互联网进行深度融合,利用新技术,提高企业效率。如今,越来越多的企业利用自身优势和互联网技术力量实行跨界融合。如阿里巴巴进军汽车、金融、文化、医疗等产业;小米做了手机,做了电视,做了农业,还要做汽车、智能家居、金融;中国电信通过跨界进入互联网金融、文化产业、电子商务等领域。互联网金融为什么这么热?原因就在于互联网行业与金融行业的跨界融合,互联网行业属于高速增长的新兴产业,金融服务行业在中国持续呈现高速增长的势头,两个高速增长行业的结合,诞生了互联网金融这样一个新兴的行业,并且各种模式层出不穷。总之,跨界融合是推进"互联网＋"行动计划的客观要求。

互联网经济的发展形成了一个以互联网为纽带的产业跨界和融合的新模式。互联网思维受到热捧,仿佛谁要是没有互联网思维,谁就会被社会所淘汰。

人类经济活动本质上是信息流、资金流、物流、人流的聚合,互联网通过控制和改变信息流,可以引导资金流、物流和人流变化。互联网正在颠覆一些传统企业的商业模式,正成为一股不容忽视的力量,传统经济体也在积极拥抱互联网。互联网成了衔接传统产业与新兴产业的桥梁,是产业跨界和融合的重要平台。

从产业内部看,互联网产业链正在进行更广泛的垂直整合,电信运营商、内容服务商、设备制造商等加速将自身业务向产业上下游延伸,打造硬件、软件、应用服务一体化的产业模式,抢夺互联网以及移动互联网"入口"。在互联网经济下,有用户才会有商业价值,而布局、抢占甚至试图垄断"入口",就是争夺用户,提升商业价值。

从产业外部看,互联网与传统产业的跨界融合正在加速。一方面,传统企业积极用互联网思维武装自己,用互联网工具变革自己,许多被人们贴上"传统"标签的行业、企业正在加速与互联网融合。典型的如传统商贸、零售企业纷纷向互联网转型,推动了我国网购市场高速发展。互联网教育、互联网娱乐、互联网医疗以及互联网汽车等正在呈现一派新的景象。另一方面,随着大数据、云计算、移动互联网的发展,互联网与传统经济的融合不断加快。

跨界是应对新市场经济最好的方式。互联网给我们生活、工作和事业都带来了很大的变化。在互联网迅猛发展的今天,借助互联网实现商业模式创新,从而促进企业提质增效,是当今企业发展的重要选择。2014年以来,我国经济下行压力较大,2015年,我国GDP增长率达到6.9%,较2014年下降0.4个百分点,2016年上半年我国GDP增速下降到6.7%。因此,促进经济持续增长必须由长期的投资驱动转向创新驱动,互联网技术的应用能够提升实体经济的创新力和生产力,"互联网+"正成为实现经济转型升级的重要力量。如今,传统的应用、服务、产业互联网化进程不断加快,也成就了一大批成功的产品和企业。如传统的广告加上互联网,成就了百度；传统的集市加上互联网，成就了淘宝、京东；传统的银行加上互联网，成就了支付宝。这种以"互联网＋"为力量的推动必将促进产业的跨界和融合，实现产业升级和转型。

跨界是企业成长的有效路径。作为市场竞争主体，企业经营只有三种结果：死掉，立足本行业，以及做大做强并跨界渗透到其他行业。看看财富世界500强的榜单，高盛、GE都是跨界经营的高手。伟大的企业不会满足于成为行业冠军，也不会局限于某个边界内。企业跨界经营要么出于新机会的吸引，要么出于对资源整合和行业布局的考量。

17年前，英特尔董事长安迪·格鲁夫说："未来只有一种企业——互联网化的企业。"今天，我们开始听到遥远的回响！

可以说，互联网模糊了所有行业的界限，使跨界融合成为一种新常态，在"互联网＋"时代，跨界融合的力量不断显现。

跨界融合的主要方式

"互联网＋"的兴起意味着第四次工业革命的到来，通过信息产业对传统产业的整合，特别是互联网技术与传统产业的深度融合，形成了新的生产方式和手段，不仅实现了传统产业自身的转型升级，也彻底改变了传统的商业模式。跨界、融合、创新成为时代的主旋律。那么跨界融合有哪些方式呢？

1. 垂直整合——核心企业的不二法则。

产业链的核心企业是跨界经营的凶猛野兽，它们天生就有垂直整合的基因和能力。苹果公司是最典型的例子,从芯片、硬件、系统、APP 到销售终端,苹果几乎控制了整个产业链。而且苹果几乎是一个独立王国,独立的 iOS 系统和标准,独立的设计、开发、制造和销售体系,这使得颠覆苹果几乎是一项不可能完成的任务。还有比较典型的公司就是乐视,乐视早年是一家互联网公司,如今乐视构建起了"内容+平台+终端+应用"全产业链的生态模式,推出超级电视进入电视行业,与北汽合作进入互联网汽车行业,2015 年 4 月,乐视推出超级手机,进入手机行业,以及乐视进军体育产业、影视行业、农业和正在谋篇布局的互联网金融业。可以看出,乐视正在打造从软件到硬件的垂直一体化的产业生态。

对于产业链上的核心企业而言,它们最看重的是向微笑曲线两端的研发、设计、物流、仓储、市场和销售环节跨界,而往往把制造环节外包给其他企业。微笑曲线,一端连着供应商,另一端连着市场和用户,控制了微笑曲线的两端也就获得了价值链的主导权,也就占据了价值链的高端。

垂直整合并不是像我们以前理解的,就是什么都自己做,垂直整合关键在于整合。在开放的互联网经济环境下,垂直整合需要企业掌握产业链核心环节或核心竞争力,坚持开放合作,通过垂直整合打造内部生态。因为这往往更有竞争力,从苹果、阿里的成功可见一斑。

2. 水平扩张——行业巨头的修行之道。

水平扩张是指进入与企业现有产品相关的行业,核心是发挥现有企业核心优势,扩大企业经营规模,提升企业市场竞争地位。水平扩张是跨界的重要方式,越来越受到有实力公司的青睐。如格力做空调起家,现在又做起了手机;小米做手机起家,现在又拓展数字电视、路由器、手环、空气净化器等。这些都是水平扩张。

水平扩张往往是通过并购进行的。善于水平并购的行业巨头通常也是跨界经营的厉害角色。它们通过把行业内相关的重要企业招至麾下,从而完成关键的卡位和布局,巩固和加强行业老大的地位。快的与滴滴的合并、58同城与赶集网的合并、携程与去哪儿的合并、优酷与土豆的合并都是水平扩张的经典案例。

腾讯是一个水平扩张的高手,倒在企鹅"石榴裙"下的行业劲敌可谓惊人,从ICQ、MSN、联众到开心网,腾讯几乎涉足行业的所有细分领域,哪个领域火,企鹅就会"空袭"哪个领域。对于腾讯这样坐拥巨大用户资源的行业巨头而言,创新和研发反而不是它们的优势,它们内部开发的新产品反而不是最好的,甚至染上了"富二代"病。但是,凭借着无与伦比的用户资源优势,腾讯往往能后来居上,秒杀一切竞争对手。

3. 强强联合——资源整合的最高境界。

跨界并不总是你死我活的竞争,有时候也可以是合作和共赢。既然谁也没有能力灭掉谁,那就各自做出一些让步,拿出部分非核心利益进行交换。与其扎紧篱笆吃不着肉,不如强强联合,共同把蛋糕做大,共享跨界红利。

猛虎难敌群狼。跨界经营的最高境界是强强联合、资源整合。互联网金融之所以能掀起如此巨大的风浪,让银行行长谈网色变,绝非一个马云、一个马化腾或者一个马明哲可为之。当"三马同槽",与传统银行抢食时,互联网金融拉开了序幕,真正的挑战开始了。

这里讲的强强联合,不同于企业并购或兼并。强强联合一方面是指战略合作,这种合作不是一方剥夺另一方法人资格,而是建立平等的资源互换关系,通过强强联合达到共同做大市场的目的;另一方面就是两强合并,成立一家更大的新公司,目的是避免恶性竞争,实现强强联合,从而确立市场的领先地位。如美团与大众点评网的合并、58同城与赶集网的合并、滴滴与快的的合并、携程与去哪儿的合并,等等。

4. 跨界投资和收购——打造新的商业生态。

技术的进步打破了行业的边界,使跨界融合成为趋势。如今,互联网公司、传统企业跨行业投资和收购十分活跃。互联网企业与电影业"联姻"就是跨界的一个缩影。2013年9月阿里巴巴成立数字娱乐事业群,正式开启了文化娱乐板块的布局,如60%控股文化中国、间接投资华数传媒、联手优酷土豆、收购虾米音乐等。

跨界投资和收购案例还有很多,如阿里战略投资苏宁、苏宁收购PPTV、腾讯收购大众点评和京东、阿里收购高德和UC、百度收购爱奇艺,等等。跨界投资和收购能进一步拓展企业的业务领域,不断完善和丰富产业生态,弥补企业短板,增强企业持续竞争力。跨界投资和收购因为通过资本纽带的关系,这种资本性合作更牢靠、更可信、更长久。因此,跨界投资和收购在"互联网+"时代更加受到企业的追捧。

今天,世界越来越"平"了。跨界使行业间的界限正在逐步被打破,更多的情况是企业在泛行业化的过程中"你中有我、我中有你"。

第九章
推进跨界融合

跨界融合的主要策略

跨界固然潇洒，可是门槛也不低。企业要顺利跨界，除了自身具备一定实力，还要采取合理的跨界策略。如此看来，跨界似乎是土豪们的专利，那么创新创业企业能不能跨界呢？怎样做好跨界前的准备呢？如果无力进攻，又如何做好防守呢？

1. 进攻是最好的防守。

跨界有风险，实施需谨慎，但并不意味着新创企业就不需积极进取，坐以待毙。其实，任何一个行业巨头都是从创新创业做起来的，新创企业也可以有高大上的梦想，只是企业在不同的阶段要做不同的事罢了。对于新创企业而言，要选择行业巨头不屑染指的行业，集中精力开发一款产品，并做到极致。就像苹果，到现在为止仍然只有 iMac、iPhone、iPad、iPod 等少数几款产品，但是每一款都是经典。

新创企业只有选择行业巨头看不起、看不上、看不懂甚至看不到的垂直细分市场，聚精会神，埋头苦干，潜心积累，才有机会。同时，新创企业要有跨界思维，采用迂回包抄战术，主动创新，并在"野蛮人"入侵之前扎紧篱笆。

2. 实现低成本的跨界。

新创企业要想生存下去，成本控制是最重要的技能之一。而降低成本、提高效率有两条捷径：一是互联网化。一个互联网化的企业是以用户为中心、目标明确、管理扁平、有进取心、有高执行力团队的企业。二是联合其他中小企业。初创企业的跨界之路，绝不是与土豪做朋友,而是与小伙伴们抱团取暖。只有地位对等,才有可能确保公平交易。

进入陌生领域的风险肯定大于熟悉的领域,当然,机会也可能多一些。对于实力较弱的企业甚至新创企业而言,跨界的雄心可以有,但是跨界的步子不可太急。只要植入跨界的基因,找准方向,苦心修炼,早晚会迎来驰骋疆场那一天。

3. 关注客户体验。

在体验制胜时代,消费者的需求变得越来越"奢侈"——满足于物质需求不再是唯一选择,消费者更加关注客户体验。企业跨界要取得成功,就必须从产品做起,深入洞察客户需求,选准切入点,在客户体验上下功夫,产品的成功就是跨界的成功。

小米跨界做手环,得到了市场的认可。追求极致的客户体验是小米手环成功的重要法宝。如小米手环延续了小米系列产品一贯的简约包装风格,拥有超过 6 个月的待机时长和防尘防水功能;创新功能应用,如小米手环与 MIUI 系统深度嵌合,开发专门针对小米手机的屏幕解锁功能;79 元的高性价比。

4. 避免颠覆性错误。

诺基亚前任 CEO 约玛·奥利拉在诺基亚被微软收购时说:"我们并没有做错什么,但不知为什么,我们输了。"奥利拉说出了许多曾经辉煌的企业的困惑:为什么我们输了?从通用汽车、柯达胶卷到诺基亚手机,曾经强大无比的企业莫名其妙地被击败,从而成为了令人唏嘘的恐龙。它们不是被竞争打败的,而是败给了趋势。

其实,诺基亚们犯了一个不可原谅的错误,在门口的"野蛮人"

砰砰撞门时，它们仍然漫不经心地躺在既有的舒服领域里呼呼大睡。它们的失败并不是源于原有体系的失败，而是被新的体系近乎残酷地颠覆性破坏，风暴过后，诺基亚们倒在一场非对称战争的血泊中。

面对跨界狂潮，不管你是攻还是守，都要用跨界思维来武装自己。因为，即便你不跨界，也会因为别人跨界而有了新对手。

案例：阿里巴巴跨界融合，打造商业帝国

阿里巴巴成立于1999年3月，经过17年的发展，如今，阿里已经发展成为全球最大的电子商务公司。2015年阿里巴巴电子商务交易额超过3万亿元，较上年增长37%；2014年9月19日，阿里成功登陆美国资本市场，市值最高时超过2 300亿美元；仅在2015年"双十一"当日，淘宝和天猫交易额就达到912亿元。回顾阿里巴巴走过的历程，我们看到，推动跨界融合、开展并购狂潮是阿里重要的发展策略。

2013～2015年跨界融合扫描

近年来，以BAT为代表的互联网公司不断通过资本经营手段进行跨界融合，阿里巴巴更是动作频频。为探寻其背后的真实目的，让我们一起来盘点一下2013～2015年阿里巴巴跨界融合做了些什么？

2013年：随着移动互联网的快速发展，行业边界越来越不清晰，跨界融合不断加快。阿里巴巴为适应跨界融合的大势，加速战略投资和收购，进行产业发展的布局。2013年，阿里巴巴主要的投资和收购活动有：

2013年1月，阿里收购虾米网（音乐网站），为数字音乐布局；2013年4月，阿里巴巴以5.86亿美元购入新浪微博18%的股份；2013年4月，投资快的打车，为线下生活服务战略布局；2013年5月10日，阿里巴巴投资2.94亿美元收购高德软件约28%的股份；2013年5月，阿里联合银泰集团、复星集团、富春集团、顺丰、申通、圆通、中通、韵达成立菜鸟网络科技有限公司，打造"中国智能物流骨干网"（CDN）；2013年7月，宣布投资穷游网，布局O2O和大数据；2013年8月，出资11.8亿元认购天弘基金，持有51%的股份，成为绝对控股；2013年11月6日，由中国平安、阿里巴巴、腾讯共同出资成立的众安在线财险公司正式上线运营，成为国内首家互联网保险企业；2013年12月，阿里巴巴以28.22亿港元投资海尔旗下海尔电器，其中对日日顺物流投资18.57亿元港币，持有日日顺24.1%的股份，旨在联手打造家电及大件商品的物流配送、安装服务等整套体系及标准。

2014年：2014年阿里巴巴在投资和收购方面特别活跃，先后进行了超过40起的投资和收购，而且一半以上的投资都是超过1亿元人民币的大手笔，全年投资金额超过170亿美元。下面就重点扫描2014年阿里巴巴投资收购案例：

2014年3月，阿里巴巴以62.44亿港元投资文化中国，获得

60%的股份,此后更名为阿里影业;2014年3月,阿里巴巴以6.92亿美元战略投资银泰商业,持有银泰商业25%的股份,阿里巴巴用户可以使用自己智能手机内的支付宝电子钱包在银泰商业的店内进行支付;2014年4月,阿里巴巴以2.49亿美元投资新加坡邮政,旨在建立国际电商物流平台;2014年4月,阿里巴巴和云锋基金以12.2亿美元购入7.21亿股优酷土豆A类普通股,阿里巴巴持有优酷土豆16.5%的股权,加速布局互联网文化娱乐产业;2014年4月,阿里巴巴收购金融软件和网络服务提供商恒生电子,金额为33亿元;2014年5月,阿里巴巴联合泛大西洋资本、红杉资本对美团网进行C轮投资,投资额达到3亿美元;2014年6月,阿里巴巴全资收购UC优视;2014年7月,阿里巴巴以2.94亿美元整体收购高德公司;2014年10月,C轮投资快的打车;2014年11月,阿里巴巴入股华谊兄弟。

2015年:这一年,阿里巴巴投入183亿美元投资了超过65家公司、斥资50亿美元收购了8家公司、花费25亿美元投资了15家海外公司。重要投资收购案例如下:

2015年2月,阿里宣布斥资5.9亿美元入股手机硬件厂商魅族科技,由此阿里YunOS移动端系统获得了硬件载体支撑;2015年3月,阿里巴巴斥资近24亿元入股光线传媒,成为光线传媒第二大股东;2015年5月,阿里巴巴斥资5 600万美元收购了美国电商公司Zulily 9%的股份;2015年5月,阿里巴巴联合云锋基金入股圆通速递,与快递企业深度合作;2015年8月,阿里巴巴以2亿美元入股印度电商Snapdeal,获得4.1%的股份;2015年8月,阿里以283

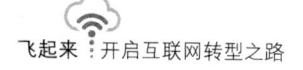

亿元人民币战略投资苏宁，占股19.99%，成为苏宁云商第二大股东，双方将在电商、物流、售后、O2O以及门店等业务上开展全面合作；2015年10月，阿里巴巴入股58到家，以加强O2O线上线下融合的布局；2015年11月，阿里巴巴以45亿美元整体收购优酷土豆，弥补阿里在网络视频领域的短板。

疯狂投资和收购意在何为？

上面我们简单回顾了2013~2015年阿里巴巴投资收购版图，阿里为什么要大肆投资和收购？其目的是什么？值得正在全面转型的我国企业界学习和借鉴。

第一，通过战略投资和收购进行跨界融合，打造阿里商业帝国。近几年来，阿里巴巴在完善电商平台和阿里云等核心业务的基础上，通过跨界融合、资本经营，不断拓展新的领域，构建着一幅庞大且具备相互协同的商业版图。通过加速战略投资和收购，阿里巴巴的商业版图囊括了电子商务、金融、本地生活O2O、教育、娱乐文化、旅游、汽车、体育、医疗健康、硬件、游戏等众多领域。如今，阿里巴巴不再局限于电商，呈现在公众面前的阿里巴巴俨然是一个"商业帝国"，占据了中国商业的半壁江山。

第二，打造阿里巴巴商业生态系统。互联网行业有一个说法，就是"产品型公司值十亿美金，平台型公司值百亿美金，生态型公司值千亿美金"。也许很多人都不大明白阿里为什么频繁投资和收购毫不相干的领域，然而这些毫不相干的领域从大的格局上来看却有着某种必然的联系，这种联系的本质就是打造阿里商业生态圈。阿里巴巴大量的投资和收购活动无不围绕着打造商业生态系统不断向内深化、向外拓展,并通过自有业务和资本手段,逐渐构建起一个强大的商业生态系统。

阿里进入的领域都是以打造生态圈为核心进行布局的。阿里巴巴通过平台开放,广聚商家和买家,打造电子商务生态圈,如今,阿里电商平台卖家超过800万家,线上商品超过8亿件,成为全球最大的电子商务平台;阿里进入文化娱乐产业,通过收购文化中国,打造阿里影业;入股华数传媒、光线传媒、华谊兄弟、虎嗅网、第一财经、36氪,全面收购优酷土豆,成立阿里文学,发力游戏平台,旨在打造互联网数字娱乐文化产业,且与阿里电商、云计算、营销、数据、影业、家庭娱乐、音乐、体育等业务相互协同,打造强大的数字娱乐生态圈,全面为用户提供数字娱乐消费新体验。

阿里O2O业务布局依托其线上零售的业务优势和用户基础,逐步形成了以手机淘宝为核心,由支付宝钱包、高德地图和来往共同组成的线上入口,通过投资或收购新浪微博、快的打车、高德地图、银泰商业、美团网、海尔电器、苏宁云商等,进一步完善其在O2O线上线下的布局,构建O2O商业闭环。

第三,为应对腾讯、百度等互联网公司竞争。随着BAT几大互联网公司在本地生活服务业务上的竞争加剧,阿里也在寻找承载本地生活服务和出行服务的入口。虽然马云自己坚持用"来往",但还是无法与微信抗衡。于是,阿里想到去买美国社交手机应用Tango,与"来往"一起组合成天马流星拳,以对抗微信。为应对腾讯、百度O2O竞争,建设一个完整的O2O闭环,塑造O2O线上线下生态圈,阿里通过大量投资或收购,不断完善O2O生态圈。

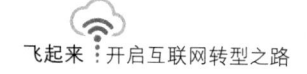

为了争夺移动互联网的流量入口,阿里不断投资或收购了美团、陌陌、快的打车、UC科技等公司,一举打造了中国最大的互联网生态圈。

综上分析,通过资本经营手段实现跨界融合,是阿里巴巴做大、做强的关键。这对于传统企业互联网转型具有借鉴意义。

传统企业跨界融合之道

如今,我们进入"互联网＋"时代。"互联网＋"的本质是跨界,利用互联网技术和平台,使互联网与各行各业深度融合。小米入股美的,万达与腾讯、百度合资共同成立电商公司,乐视与北京汽车进行战略合作,阿里入股海尔电器,绿地集团与阿里巴巴以及平安集团共同合作推出专业地产金融服务平台"地产宝"……如今,以互联网为纽带的产业跨界融合正在加速,跨界合作、联盟、并购十分活跃,成为传统企业和互联网公司进行产业布局、打造生态系统的重要手段。

对于我国传统企业来说,要主动顺应跨界融合趋势,把握跨界融合的规律,善于利用跨界融合手段,助力企业加快互联网转型,使跨界融合真正成为推动企业转型的强有力手段。传统行业在推进跨界融合上要做到以下几点:

第一,把握跨界融合本质,遵循四大原则。跨界融合千万不能为跨界而跨界,关键要使跨界融合真正成为企业持续发展的新引

擎。实践中,开展跨界融合要遵循以下四大原则:

一是一定要围绕打造生态系统开展,而不能为合作而合作。

二是一定要以拓展新的业务领域、积极寻求新的业务增长点为目标有效开展。

三是一定要围绕弥补企业短板、增强企业竞争力系统推进。

四是一定要为企业未来发展进行布局,要着眼未来。

第二,要加强跨界融合管理,真正使跨界融合成为助力企业转型的有力手段。传统企业应有专门部门和专业人员从事战略联盟、资本经营和跨界融合工作,要培养一支熟悉资本经营、擅长并购重组、懂法律、了解市场、谈判能力强的专业队伍。在合作过程中,我们要坚持"真诚合作、优势互补、利益共享、风险共担"的原则,要高度重视跨界融合发展规划的编制,明确发展目标和实施路径;要制定跨界融合管理制度和办法,有效挑选合作伙伴和收购对象;要规范员工在跨界合作中的行为,对合作过程中碰到的新问题要在沟通的基础上加以解决;对在合作过程中给企业造成严重损失或不良社会影响的,要按照约定,进行赔偿或终止合作。我们要以供应链、战略联盟、企业并购等理论和方法为指导,不断提高跨界合作管理水平;同时,加强跨界合作的过程管理,广泛收集跨界融合过程中各类信息和数据,运用科学的方法,对跨界合作进行及时、有效、科学的评价,以利于企业及时发现问题,采取有针对性的措施,确保战略联盟、资本经营和跨界融合有效推进,提高跨界的成功率。

第三,在跨界合作策略上,做到积极主动、有效应对。从"合作伙伴对企业的重要性"、"合作伙伴对企业的竞争性"这两个方面来考察,我们应选择竞争性低、重要性强的合作伙伴。同时,为防止在战略联盟合作中处于被动地位,可以选择两家或两家以上的同类合作伙伴,也可以选择大公司开展强强联合。传统企业尤其要加强与互联网公司合作,一方面可以实现优势互补,做大新兴业务;另一方面可以向互联网公司学习,借鉴它们运用互联网思维的成功实践。

第四,积极探索多元化的跨界融合模式。传统企业要积极适应全球一体化趋势,探索多元化的跨界融合模式,要立足打造杰出产品,围绕打造产业生态,根据不同业务发展需要和战略要求,选择相应的合作模式。除了战略联盟这一形式外,还要更多地采用股权投资、战略入股、成立合资公司的方式,实现强强联合,也可以选择对企业业务发展有着重要互补作用的公司进行收购,从而补足短板。从目前的合作模式来看,战略投资和兼并收购是众多企业采取的主要方式,因为这一方式使合作更加牢靠。例如,阿里巴巴收购高德地图、UC科技以及战略投资银泰商业、快的、海尔电器、苏宁等,旨在打造O2O生态圈;小米科技通过战略投资美的、优酷土豆等20多家公司,旨在打造智能家居生态系统。因此,传统企业要更加强化运用战略投资和并购等资本经营的手段推进跨界合作,以打造产业生态圈为目标,实现跨界合作,拓展新的业务领域。

第五,学习和借鉴互联网公司、传统优势企业跨界合作的成功模式。小米正是利用战略投资和收购的手段,进行生态链的扩张,实现硬件和软件的高度融合,目前小米已投资20多家智能硬件公司;阿里巴巴利用其强大的电商生态和大数据优势,围绕打造商业生态系统为目标,利用资本经营的手段,以投资和收购为重要手段,

第九章 推进跨界融合

进入汽车、医疗、教育、交通、文化等诸多行业；万达正是通过跨界合作，积极布局O2O，大力拓展互联网金融领域；等等。互联网公司、传统优势企业跨界合作的成功做法值得传统企业学习，关键是要学习这些企业为什么要跨界、如何跨界，这无疑对传统企业更好地推进跨界融合具有重要借鉴意义。

"路漫漫其修远兮，吾将上下而求索"。传统企业要成功转型，就必须充分利用跨界融合这一杠杆，把握跨界融合内在规律，加快跨界融合步伐，真正使跨界融合成为推动企业转型升级、生态系统建设的"加速器"。

第十章

实行创新驱动战略

"你不管把多大数量的驿路、马车或邮车连续相加,也绝不能获得一条铁路。"美籍奥地利经济学家熊彼特的话,道破了创新在经济发展中的"质变"作用。当今世界,新一轮科技革命和产业变革风起云涌,创新已成为经济社会发展的主要驱动力,创新能力成为国家竞争力的核心要素。

当前,中国经济发展进入新常态,国际市场日益复杂险峻、变幻莫测,过去许多中小企业赖以生存的温床,如人口红利、改革开放红利、资源环境红利,以及由此带来的劳动力等生产要素低成本比较优势都不复存在。"不创新毋宁死"越来越成为铁律。无论是为国家经济持续稳定增长、优化产业结构,还是企业自身适应新常态、引领新常态,加快实施创新驱动发展战略比以往任何时候都更加紧迫。

在我国全面建成小康社会进入决胜阶段、经济结构性改革处在关键时期的重要关头,党中央作出坚持创新发展、深入实施创新驱动发展战略的重大决策,是我国经济发展进入"新常态"的客观要求,是引领科技革命和产业变革的必然选择。习近平总书记指出:"创新是国家和企业发展的必由之路。"面临"互联网+"时代,传统企业互联网转型要取得成功,就必须大力推进创新驱动战略,加强创新体系建设,加大创新投入,不断提升自主创新能力和可持续发展能力。

实施创新驱动战略的必然性

改革开放30多年来我国发展的一条重要经验,就是解放思想,勇于创新。党的十八大以来,随着改革的全面深化、创新驱动发展战略的实施,创新成果层出不穷。从高新技术产业强劲增长,到"双创"蓬勃兴起;从高铁、核电等中国装备走向世界,到科技进步贡献率大幅提升……大量鲜活的实践无不表明:创新不仅是企业生存的内在需要、科技进步的有力武器,更是推动一个国家、一个民族向前发展的重要力量。

面对全球新一轮科技革命与产业变革的重大机遇和挑战,面对经济发展新常态下的趋势变化和特点,面对实现"两个一百年"奋斗目标的历史任务和要求,必须加快实现从要素驱动、投资驱动向创新驱动转变,实施创新驱动发展战略。

2013年9月30日,中共中央政治局第九次集体学习,把课堂搬到了中关村。习近平总书记指出:"当前,从全球范围看,科学技术越来越成为推动经济社会发展的主要力量,创新驱动是大势所趋。"

党的十八大报告指出:"实施创新驱动发展战略。科技创新是提高社会生产力和综合国力的战略支撑,必须摆在国家发展全局的核心位置。"

2015年3月,中共中央国务院正式下发《关于深化体制机制改革加快实施创新驱动发展战略的若干意见》,是党中央、国务院对创新驱动发展战略作出的重要顶层设计和重大改革部署,是当前和今后一个时期实施创新驱动发展战略的纲领性文件。《意见》强调以深化改革为主线,推进科技创新和体制机制创新。

党的十八届五中全会通过的《中共中央关于制定国民经济和社会发展第十三个五年规划的建议》提出"创新、协调、绿色、开放、共享"五大发展理念,把"创新"排在首位,并提出"必须把创新摆在国家发展全局的核心位置"。

2016年5月,中共中央、国务院印发《国家创新驱动发展战略纲要》,《纲要》指出:创新驱动就是创新成为引领发展的第一动力,科技创新与制度创新、管理创新、商业模式创新、业态创新和文化创新相结合,推动发展方式向依靠持续的知识积累、技术进步和劳动力素质提升转变,促进经济向形态更高级、分工更精细、结构更合理的阶段演进。如今,创新正成为以习近平同志为总书记的党中央治国理政的核心理念之一;创新驱动,成为中国发展的核心战略之一。

当前,中国经济正处于新旧动能转换阶段。为实现经济中高速增长、迈向中高端水平的"双目标",中国调整和优化经济结构,不再过度依赖以要素、投资规模为基础的粗放型发展模式,而是实施以科技为基础的创新驱动发展战略。机器人、大数据、云计算、移动互联网、物联网、"互联网＋"……近年来,我国技术密集型产业、战略性新兴产业、互联网经济快速崛起,华为、联想、中兴、阿里巴巴、腾讯、百度、京东等一大批企业步入全球高技术行业领先行列,"中国制造"迈向"中国创造"。2015年,科技进步对经济增长的贡献率稳步达到54％,经济发展正从要素驱动转向创新驱动,创新驱动正成为引领发展、助力中国经济转型升级、迈向"中高端"的第一动力。

企业是创新主体,也是决定创新驱动战略成败的关键。如今,我们很多行业企业面临经济下行,日子并不好过,成本上升、产能过剩、需求不旺、竞争加剧、中小企业融资困难以及经营管理粗放、市场反应不够迅速、创新能力不足、赢利能力下降等问题叠加,企业发展很大程度上受传统模式影响还没有根本改变,企业拓展增量市场变得越来越难,长期依赖规模增长的模式难以为继。在这样的形势下,企业要生存和发展,就应当积极响应国家号召,全面贯彻落实新的发展理念,主动适应经济发展新常态,坚持走创新发展之路,深入实施创新驱动发展战略,培育新优势,铸造新动力,促进企业转型升级。

创新是企业在激烈的市场竞争中的生存之道,是企业获得长期领先优势、在市场竞争中立于不败之地的法宝。2015年5月26日,习近平总书记到杭州高新区的海康威视数字技术股份有限公司视察,他指着产品展示和研发中心说:"企业持续发展之基、市场制胜之道在于创新，各类企业都要把创新牢牢抓住，不断增加创新研发投入，加强创新平台建设，培养创新人才队伍，促进创新链、产业链、市场需求有机衔接，争当创新驱动发展先行军。"华为、海尔、阿里巴巴、百度等越来越多的中国公司之所以成功，关键在于坚持创新，创新不仅包括技术创新，还包括产品创新、模式创新、管理创新和机制体制创新。

创新是带有氧气的新鲜血液，是企业的生命。创新是企业生存和发展的最重要的战略要素，是企业生存和发展的根本，是发展的动力，是成功的保障。

当前，我国互联网发展取得了举世瞩目的成就，截至2016年6月，我国互联网用户达到7.1亿，移动互联网用户达到6.56亿。创新是互联网经济发展的灵魂。面临"互联网+"经济的飞速发展，创新成功的模式必将有众多的模仿者，企业要保持竞争优势，必须持续进行创新，因为稍有松懈，将有被市场抛弃的隐忧。所以，在当前的市场环境下，只有创新才能生存，只有创新才有发展。超凡的创新力是企业生存与发展的有力保证。"不创新，就死亡"。这句流传于业界的铁律不仅说明了市场竞争的残酷，也道出了企业生存的根本。成功的企业大多是率先做出大胆尝试、创新求变的企业。

习近平总书记在2016年5月30日全国"科技三会"上指出："不创新不行，创新慢了也不行。如果我们不识变、不应变、就可能陷入战略被动，错失发展机遇，甚至错过整整一个时代。"我国传统企业互联网转型要取得成功，就必须坚持创新驱动发展战略，推进创新体系建设，打造创新人才队伍，不断提升自主创新能力，进一步激发企业创新活力。

更加注重技术创新

创新始终是推动一个国家、一个民族向前发展的重要力量。实施创新驱动发展战略,就是要推动以科技创新为核心的全面创新,坚持需求导向和产业化方向,坚持企业在创新中的主体地位,发挥市场在资源配置中的决定性作用和社会主义制度优势,增强科技进步对经济增长的贡献度,形成新的增长动力源泉,推动经济持续健康发展。

"十二五"时期,我国科技创新取得了举世瞩目的成就。受理发明专利申请403.4万件,居世界首位并保持领先。PCT国际专利受理申请11.7万件,比"十一五"增长2.2倍;发明专利授权量118.9万件,比"十一五"增长1.5倍;每万人口发明专利拥有量达到6.3件。2015年全社会研发投入达到14 300亿元,占GDP比重连续三年超2%,投入强度居世界第二。

党的十八大提出:"科技创新是提高社会生产力和综合国力的战略支撑,必须摆在国家发展全局的核心位置。"习近平指出:"当今世界,科技创新已经成为提高综合国力的关键支撑,成为社会生产方式和生活方式变革进步的强大引领,谁牵住了科技创新这个牛鼻子,谁就能占领先机、赢得优势。"2016年3月5日,习近平总书记在参加上海代表团审议时强调:"要抓住时机,瞄准世界科技前沿,全面提升自主创新能力,力争在基础科技领域作出大的创新、在关键核心技术领域取得大的突破。"2016年7月国家发布的《国家信息化发展战略纲要》指出：到2025年，根本改变核心关键技术受制于人的局面。

可以看出，科技创新在我国经济转型升级、企业创新发展中的引领性作用，谁抓住了科技创新这个牛鼻子，谁就能占领先机、赢得优势。要提高我国综合国力，我国比任何时候都更加需要科技创新的力量。

科技是第一生产力，技术创新是企业持续发展的根本保障。成功企业的一个共同特点就是，建立在强大的技术创新基础之上。技术创新成为提升我国企业竞争力的唯一路径，是企业最强大的核心竞争力，也是企业创新的核心内容。

从提供给用户的产品和应用来看，成功的企业好像很简单，华为不就是为客户提供科技产品的吗？阿里巴巴不就是提供电子商务交易平台的吗？360不就是提供杀毒软件的吗？苹果不就是提供高体验度的智能手机的吗？百度不就是提供搜索引擎的吗？Facebook不就是提供社交平台的吗？格力不就是卖空调的吗？等等，但支撑这些企业取得成功的核心就是技术创新，可以说没有技术创新，这些企业就难以取得今天的辉煌。

阿里巴巴成功打造电子商务平台就是建立在强大的技术实力上的。2015年"双十一"全天的交易额达到912.17亿元，其中移动端交易额占比达到68%，每秒的交易峰值达到14万笔，蚂蚁金服旗下的支付宝交易峰值达到8.59万笔/秒，这些夸张数据的背后正是阿里强大的技术创新能力。阿里巴巴技术创新表现在选择公有云＋混合云的组合模式、使用 OceanBase 数据库技术、应用大数据处理平台 ODPS、研发应用了 dataV 数据可视化引擎和建立了全链路防护体系等。如果没有强大的技术支持，2015 年"双十一"912 亿元的交易量必将使阿里的网络瘫痪。

华为在 2013 年首度超越爱立信成为全球第一大通信设备制造商，2014、2015 年华为继续扩大这一优势，2015 年华为实现业务收入 3 900 亿元，较上年增长 35%，2016 年上半年华为实现销售收入 2 445 亿元，大涨 40%。2015 年，华为入选 BrandZ 100 最具价值全球品牌排行榜，位居第 70 位。华为进入智能手机领域只有几年的时间，如今华为智能手机取得了强劲的增长，2015 年华为智能手机全球出货量达到 1.08 亿部，较上年增长 44%，成为中国领先的智能手机制造商，在全球智能手机排行榜上位居第三位，仅次于三星和苹果。华为之所以取得巨大成功，一个重要原因就是对技术孜孜不倦的追求，华为靠着自主研发的海思芯片打破了高通的垄断，在专利领域的厚积薄发使华为智能手机快速崛起。2015 年度国家科技奖中，华为又拿下 3 个二等奖，华为已连续第 9 年获得国家科技大奖，凸显了华为作为深圳科技创新的领头羊地位，更显示出华为在全世界通信行业的引领作用。立足科技创新，华为在核心网络、LTE、5G、OTN、UMTS 等方面具有全球领先优势，华为专利申请量位居世界第一。世界知识产权组织公布的 2015 年国际 PCT 专利申请数量统计显示，华为申请了 3 898 项专利，较上年增加了 456 项，连续两年居全球企业之首。截至 2015 年底，华为在全世界范围内累计获得授权专利 50 377 件。这些成果的获得均得益于华为对于技术创新的支持力度。全球三大财经商业媒体之一的"Fast Company"发布的2016年全球最具创造力企业名单上,华为位列第13位,这也是华为第三次入榜最具创造力企业50强。

推动华为技术创新硕果累累的关键因素是其不断加大研发投入(见图10-1)。可以看出,近五年来,华为累计研发投入超过1 800亿元,研发投入占销售收入的比例超过10%,2015年华为研发投入达到596亿元,占销售收入的比例达到15.1%。持续的研发投入,使华为始终保持技术的全球领先。

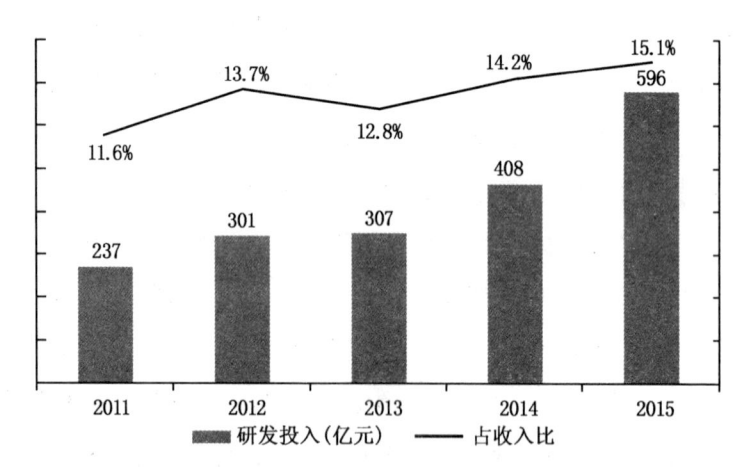

图10-1 2011~2015年华为研发投入情况

百度的成功在于其拥有强大的搜索技术。百度的成长发展过程就是技术不断升级的过程,从1999年的超级链分析和2001年的CDN技术到现在的"框计算"和"百度云",百度已经积累了云计算以及对海量数据的处理能力。像苹果、三星、谷歌、格力、中兴、海康威视、大疆、深圳先进技术研究院……它们的成功无不是建立在技术创新基础上的,是技术创新提高了产品的客户体验,是技术创新确保了开放平台高效运营,是技术创新提高了企业竞争力。

当前,有一种错误的倾向就是,做互联网好像很容易:有一个好创意,外包合作开发,广泛开展产业链合作,然后对合作进行管理,等等。这里我们看到,这些企业甚至把最核心能力的技术都外包了,这种过度外包会使企业失去生存和发展的基础,企业必将受制于人,最终难逃失败的厄运。

缺乏创新,没有新技术,很容易在市场不断的洗牌中被淘汰出局。诺基亚是曾经的手机霸主,但在如今智能手机时代却败下阵来,其衰落的一个关键原因就是"对技术创新重视不够"。失去芯片设计能力的诺基亚,智能机的处理器性能比竞争对手落后了1～2代,塞班系统和QT平台接连失败,错失了操作系统领域发展的先机,诺基亚选择WP也是重大战略失误。衰落的诺基亚只能眼睁睁看着被三星、苹果和华为等其他智能手机品牌超越。

技术创新是企业生存和持续发展的基础,技术创新包括自主创新、模仿创新及合作创新。从长远发展来看,一个国家的经济强盛,一个企业核心竞争力的打造,最终有赖于拥有自主知识产权的核心技术。因此,技术自主创新应该成为我国经济发展以及企业持续发展的最终目标和努力方向。例如,我国国产手机迅速崛起的重要原因就是自主创新能力不断提升。以华为、小米、联想为代表的中国智能终端产业集群跻身全球前列,全球市场占有率超过70%。重视技术创新促进国产手机厚积薄发,如今,国产手机在操作系统、硬件、设计等方面都取得了长足的进步,核心芯片、关键器件的国产化缩小了与国际先进水平的差距,国产手机持续向中高端迈进,打破了国外产品对智能手机市场的垄断局面,提振了人们对国产品牌的信心。

更重要的是,国产手机逐步掌握了智能手机关键技术。华为的海思麒麟系列芯片已成功应用于其高端机型。中兴发布了自主操作系统中兴OS,并推出自研芯片"迅龙芯"。此外,2015年,包括基带、射频、应用处理器在内的智能手机核心芯片的自给率突破了20%,相比2014年有了大幅提升。在全球20亿的手机芯片出货量中,有5.6亿来自我国的展讯公司。

短短数年,手机行业格局发生了翻天覆地的变化:曾经的霸主诺基亚黯然退出手机市场,曾经的经典摩托罗拉变成联想旗下品牌,曾经辉煌的苹果、三星销量日趋下降。而华为、中兴等国产手机不仅占据了国内近八成的市场,还拿下了海外市场1/3的份额。

当然,实现模仿再创新也是一条成功的捷径,尤其是对创新创业型企业,要立足互联网蓝海市场,必须高度重视技术创新。但由于受资金、人才、资源的限制,一开始可以以模仿创新为主,踏踏实实地进行技术积累,进行消化吸收,在干中学,在学中干,逐步培育出一支善于创新的人才队伍,不断增强企业的研发实力。

企业核心能力概括地讲,一是超越竞争对手而难以被模仿的能力;二是不管外界如何变化,企业始终能在市场竞争中具有生存的能力。这两种能力主要体现为企业的创新能力。目前国内外众多企业都成立了研发机构,如阿里巴巴拥有技术研发中心;海尔集团建立了具有超前性、整体性、国际性的技术创新体系,在家电和信息领域掌握多项核心技术,率先进入了家电网络化、智能化时代;格力拥有2个国家级技术研究中心、1个国家级工业设计中心、1个省级重点实验室、7大研究院。这些大企业的成功实践充分说明,以技术创新为手段,依靠企业强大的核心竞争力是企业攻城略地、竞争制胜的最重要手段。

从许多企业的兴衰历史来看,谁重视技术创新,谁就会发展壮大,否则就会在激烈的市场竞争中被淘汰。据世界有关权威机构统计,80%的企业寿命只有3年,10%的企业寿命只有8年,只有2%的企业寿命能达到40年以上。像铱星、柯达、摩托罗拉、诺基亚等曾经辉煌如今已经走向衰亡的企业我们能列举出一大串。它们失败的原因是多方面的,但最关键的是它们自恃拥有几种专有技术,而忽视了新技术、新产品的开发,缺乏快速的市场反应能力,从而使企业逐步丧失了原有的核心竞争力和比较优势。

当今世界,科学技术迅猛发展,企业面对环境变化日趋复杂,企业要立足,要发展,就必须不断地推动自身技术的创新,拥抱互联网时代来临之后各种模式的变化,千万不能忽视技术创新,否则必将为此付出高昂的代价,必将失去企业持续发展的动力。

打造创新创业平台

当前,我国经济进入增速换挡、结构优化、动力转换的新常态,推进大众创业、万众创新就是要鼓励大众创业者应用新技术、开发新产品、创造新需求、培育新市场、打造新业态,为经济发展注入源

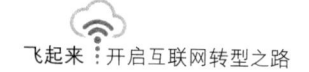

源不断的动力和活力。

  2015年1月28日国务院常务会议指出,顺应网络时代推动"大众创业、万众创新"的形势,构建面向人人的"众创空间"等创业服务平台;2015年3月5日,李克强总理在政府工作报告中明确提出要大力发展众创空间;2014年3月,国务院印发了《关于发展众创空间推进大众创新创业的指导意见》,2015年6月出台了《关于大力推进大众创业万众创新若干政策措施的意见》,旨在掀起大众创业、万众创新的浪潮,让创新之树枝繁叶茂,助推中国经济的腾飞。"互联网+"行动又将开启新一轮创业机遇。2015年,国家已设立400亿元新兴产业创业投资引导基金,为产业创新加油助力。2015年5月7日,国务院总理李克强走访北京中关村创业大街,先后参观3W咖啡、联想之星和创业会客厅,为互联网创业者鼓劲打气。"大众创业、万众创新"迎来了最好的时代。

  从全球范围来看,创客运动早已经如火如荼,我们在克里斯安德森的《创客:新工业革命》一书中就可以感受到其革命性力量。"大众创业、万众创新"让创新创业者对前途充满憧憬,使"草根"创新蔚然成风、遍地开花。2015年,"创客"第一次"闯入"政府工作报告。国务院总理李克强在回顾2014年工作时说:"互联网金融异军突起,电子商务、物流快递等新业态快速成长,众多'创客'脱颖而出,文化创意产业蓬勃发展。"2016政府工作报告中提出:"要发挥大众创业、万众创新和'互联网+'集众智汇众力的乘数效应。打造众创、众包、众扶、众筹平台,构建大中小企业、高校、科研机构、创客多方协同的新型创业创新机制。"

如今，大众创业、万众创新蓬勃发展。各种创业孵化器、创客平台、创业园、众创空间如雨后春笋般不断涌现，阿里巴巴、海尔、京东、腾讯、万科、中国电信等各行业知名企业竞相涌入，车库咖啡、创新工场、36氪等不同形态的众创空间在全国遍地开花，中关村创业大街、杭州梦想小镇、苏州金鸡湖创业长廊等众创空间聚集区加速形成，带动了"大众创业、万众创新"热潮。据统计，截至2015年底，全国众创空间总数达到2 345家，2015年，平均每天新登记企业达到1.22万户，较上年同比增长23.2%，在孵企业超过10万家，培育上市和挂牌企业600多家，吸纳就业人数超过180万。

为在更大范围、更高层次、更深程度上推进大众创业万众创新，加快发展新经济、培育发展新动能、打造发展新引擎，建设一批双创示范基地、扶持一批双创支撑平台、突破一批阻碍双创发展的政策障碍、形成一批可复制可推广的双创模式和典型经验，2016年5月国务院印发《关于建设双创示范基地的实施意见》，中国电信集团公司、中国航天科工集团公司、招商局集团有限公司、海尔集团公司、中信重工机械股份有限公司、共享装备股份有限公司、阿里巴巴集团共7家公司入选国家级双创示范基地，其中传统企业达到6家。很显然，国家意在通过双创推动传统企业改革发展，激发企业活力。

因此，对于传统企业来说，应抓住国家大力倡导"大众创业、万众创新"、深入推进"互联网+"落地的机遇，以推动企业战略转型、打造良好的产业生态圈和寻求新的业务增长点为目标，加快推进企业创新创业平台建设，积极营造良好创新创业氛围，鼓励员工创新创业。为此，要做到以下几点：

第一，牢牢把握创新创业机遇。中国经济融入全球化，经历了两次重大机遇：一是制造业全球化的机遇，二是服务业全球化的机遇。当前中国经济正在进入新常态，需要我们不断创造新的经济模式。创业者要努力抓住经济发展中出现的新机遇，争做下一个"独角兽"公司。

我们正身处新一轮科技革命和产业变革浪潮之中。技术革命的到来，如互联网和智能化技术使人类面临空前的变化和机遇，创新和创业都是和机遇连在一起的，这样一个时代是创新创业的时代。产业结构调整为创新创业带来了重大机遇。国家大力发展"互联网＋"产业、战略性新兴产业、文化产业等，无疑为创新创业带来了巨大的机遇。移动互联网等技术创造出的新的商业模式，给创新创业带来了极大的便利。同时，创新创业者要取得成功，在注重客户体验的同时，更加要关注持续性创新，而不是复制他人的模式，此外，创新创业者要借用资本的力量，促进创新创业走向成功。

第二，企业应成立创新创业管理委员会。委员会成员由企业领导及相关技术、业务、市场、投资等内外部专家组成，主要负责企业创新创业规划的制定、创业孵化项目的评估、创新创业项目的确定、资源的支持等重大决策，确保资源重点投向与企业核心竞争力相关的高成长、高效益、战略性新兴业务领域、"互联网＋"领域。同时，企业可以成立创新创业专业部门，负责企业创新创业工作的整体推进。

第三，面向企业和社会，打造创新孵化平台。中国航空工业集团公司2015年3月30日宣布中航联创平台"爱创客"正式上线运行。这标志着国家提出"互联网+"行动计划后,我国首个大型产业互联创新平台正式启动。中航联创平台以"打造创业者实现价值的舞台和'创客'自由驰骋的乐园"为目标,构建业务模式多样、核心资源独特、服务配套完善、线上线下结合的开放式产业合作与发展生态系统。青岛海尔向互联网公司转型的一项重要内容就是打造创客平台,推进员工创客化,创客平台不仅面向企业内部,而且还对社会开放。海尔将世界变成海尔的研发部,越来越多的社会人员选择海尔平台进行创业。如今,海尔创客平台每年吸引1 000多个项目,截至2015年底,海尔平台上已有100多个小微企业的年营业收入超过1亿元,22个小微企业引入风投,有12个小微企业估值过亿。雷神、水盒子、馨厨冰箱、小帅影院就是其中的杰出代表。在国家大兴"大众创业,万众创新"的背景下,传统企业应积极打造创新孵化平台,鼓励员工创新创业。在实践中关键要做到以下几点:

一是坚持孵化平台对外开放,打造创新孵化生态体系。创新孵化平台不仅对企业内部员工开放,让员工成为"创客",而且创新孵化平台对社会开放,实现企业资源与创客项目的对接,发挥"互联网+"推动创新创业的力量,通过开放整合社会资源,把社会力量变成企业的"研发部"和"人力资源部",打造一个能够快速聚合各种资源的生态圈体系,助力企业转型发展。企业通过搭建创新孵化平台,聚集创新创业要素,帮助创新创业者早日实现创业梦想。腾讯通过平台开放,经过近几年的发展,建立了由平台、创业者、用户相互伴生、开放共享的互联网生态系统,如今,腾讯已经成为中国最大的创

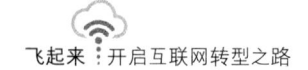

业孵化平台。目前，腾讯开放平台上的开发者数量已达到500万，应用数量超过240万个，平台上创业公司总估值超过2 000亿元。

二是建立"专业孵化＋创业导师＋天使投资"的创业孵化模式。中国电信2012年5月成立天翼创投就是采取"专业孵化＋创业导师＋天使投资"的创新孵化模式，将中国电信的资金、网络、技术、人才、创意等资源与社会科技创新环境和资本进行高效对接，积极扶持内部员工和社会有志之士创新创业。同时要联合社会创新服务机构，共同建立"创业苗圃—孵化器—加速器"孵化链，为创业者提供全流程服务。资本的嗅觉最为敏锐，哪里有机会，哪里有好的项目，资本就流向哪里。传统企业要为平台上的创新创业者提供与风险投资、股权投资以及资本市场对接的平台，发挥资本的杠杆作用，促进创新创业走向成功。

第四，系统组织推进创新创业有效开展。积极开展全员动员，真正让公司内有能力、有抱负、有激情的员工加入创新创业行列；定期举办面向企业内部和外部的创新创业大赛，吸引企业内外部好的创新项目和创新团队；围绕企业打造产业生态的重点领域开展创新创业；要建立创新创业综合评价和动态评估机制，建立从用户、商业模式、技术、未来发展等维度的评价体系，精选创新创业项目；对入选的项目给予一定的资金支持，在办公场地、资源共享、硬件设施等方面给予支持；要组织内外部力量为创新创业团队提供培训、服务和指导；要更加重视"创新创业项目经理"评选工作，采用项目团队负责人公开、公平的竞选制度，项目成员则采取由项目经理"双向选择"和"自愿组合"相结合的方式。

第十章 实行创新驱动战略

第五，创新运营机制，激发创新创业活力。建立和完善有利于人才脱颖而出的激励机制，设置有激励效应的薪酬体系和创新创业市场化分配机制，创业团队激励要与业务发展、价值贡献有效结合；实行资源与价值贡献匹配机制，确保资源重点投向有市场、有优势的创新领域；实行以创新创业团队为经营体的单独核算、责权利相统一的经营机制，经营体可独立"作战"，"特区化"运作，采取承包制、项目经理负责制等形式，充分授权。要制定关于鼓励企业内部创新创业的制度和办法，对勇于创新、开发新产品、孵化创业、商业模式创新以及运营管理上重大革新等行为予以支持，对作出贡献的创新创业团队和个人给予奖励，激励广大员工积极进取、开拓创新、团结协作。在注重物质奖励的同时，更要注重精神奖励，如以员工的名字命名创新孵化项目，颁发特别的荣誉证书等；干部竞聘、岗位晋升、干部储备，优先考虑创新创业团队成员。大力宣传创新创业的先进典型，进一步营造尊重劳动、尊重知识、尊重人才、尊重创造的良好氛围，激发各类人才创新创业的积极性和主动性，营造积极向上的创新文化，鼓励创新、支持创新、爱护创新、宽容失败，使创新者大胆创新，无后顾之忧。

如今，正进入创新创业时代，传统企业也不能错过，唯有跟上时代的步伐，顺应"大众创业、万众创新"和"互联网＋"发展潮流，打造创新创业平台，鼓励员工创新创业，才能使创新创业智慧竞相迸发、创新创业人才不断涌现，企业才能永续发展。

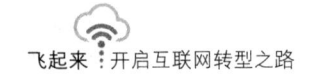

打造创新文化

现代管理学之父彼得·德鲁克曾指出,任何一家企业有且仅有两个基本功能,即营销和创新。没有创新,就没有活力,企业难以立足。综观当今世界的成功企业,创新成为推动其持续发展的强大动力,创新文化成为这些成功企业的DNA。我国传统行业要在互联网时代发展得更好、更持续,就必须持续推进创新,打造创新文化,这也是践行"互联网+"思维的内在要求。

创新对于企业的兴衰有着至关重要的意义。创新文化,是在创新及创新管理活动中所创造和形成的具有本企业特色的创新精神财富以及创新物质形态的综合,是一种为创新而生、因创新而变又作用于创新的文化形态,是推动企业转型发展的根本和源泉。

创新文化是企业文化建设的重要内容,也是企业的核心竞争力之一,它通常是指企业内部形成的为全体员工所接受的"创新"价值观念和行为准则。当然,创新文化是一个复杂的系统,包括创新理念、核心价值观、创新制度和规范、创新机制体制等。

企业领导者要率先垂范、身体力行

企业领导者是企业人格化的代表,对企业价值观的形成与选择具有决定性影响。一个企业究竟采取哪种价值观、战略观、管理观与经营观,企业管理者起着关键性作用。

创新文化首先是一种宏观战略层面的变革文化。在企业战略的选择上,一个富有创新意识和求索精神的企业领导者,一般坚持市场机会本位的战略观,倾向于采取扩张型战略和开放式创新,追求企业的成长和发展,在企业快速发展进步中享受成功的乐趣。而缺乏创新意识的企业管理者,显得老成保守,坚持资源能力本位的战略观,追求四平八稳,害怕变革和失败。

一个具有开放思维、创新意识、务实精神的企业家,会身体力行、率先垂范创新文化,带动形成整个企业的创新氛围。乔布斯被美国总统奥巴马评价为美国最伟大的创新家。苹果取得成功的一个重要原因,就源于乔布斯的创新精神和富有想象力的心灵。在他的带领下,苹果开始进行颠覆式创新,屡屡打破产品研发方面的现有规则,从来自社会、家庭以及思维深处的一切条条框框里跳了出来,研发出一个又一个经典产品。

因此,企业领导者要成为创新文化的倡导者、引领者、推动者,企业领导者必须身先士卒、率先垂范,为推动创新文化提供强大的支持,营造一种创新的紧迫感、危机感、使命感,破除制约创新的机制体制障碍,鼓励创新,激励员工士气。

打造适应互联网时代的核心价值观

企业的发展最终要靠广大员工。不同的价值观决定了人们不同的行为,不同的行为决定了不同的结果。因此,企业只有树立正确的核心价值观,并形成以价值观为核心的企业文化,才能形成企业的核心竞争力,企业才能获得持续健康的发展。

当前,我国一些企业在大力推进互联网转型过程中,部分员工尚缺乏创新动力、工作激情和忧患意识,缺乏创新的企业文化,其根本的原因在于没有形成适应互联网时代的新型企业核心价值观。因此,在新的形势下,我国传统企业要重塑新的核心价值观,概括为"客户为先,勇于创新,尊重平等,团队合作,激情敬业,诚信正直"。

客户为先:企业要树立客户导向的观念,并将客户导向贯穿于企业经营管理的全过程。客户为先主要体现在:增强客户意识,积极运用新媒体等手段,主动把握客户需求的变化,深入市场,贴近客户,关注客户,提高客户洞察能力;站在客户的立场,积极主动地为客户解决问题,帮助客户成长,提高员工为客户创造价值的能力;在解决客户问题过程中,不相互推诿;在服务上,力求规范化、人性化、差异化,为客户提供专业、便捷、贴心的服务,使客户满意;努力为客户提供满足其需求的产品,不断提升客户体验,追求完美;每个员工对外代表公司,要自觉维护公司的形象。

勇于创新:创新是企业发展的永恒主题,企业要在市场中保持旺盛的生命力,必须在创新上下功夫,形成创新的文化。企业要打造创新文化,使创新成为广大员工的自觉行为。勇于创新关键是要做到以下几点:突破固有的思维定势,大胆探索,大胆实践;不甘落后,奋勇争先,精益求精;不畏困难,坚忍不拔,自强不息,锐意进取;拥抱变化,善于观察,善于发现,善于用新的思路去解决处理问题;要有积极向上的良好精神面貌,要有强烈的求知欲和寻根问底的好奇心;要不断学习新知识、新方法、新技术,理论联系实际,勇于破解发展难题;发现问题时,立即行动,全力以赴。

尊重平等:平等尊重是员工的最大动力。尊重平等是建立在相互信任的基础上的,企业只有形成尊重平等的氛围,员工才有更强的责任心和更高的工作热情。尊重平等具体体现在:管理者和员工是平等的,只有工作分工不同、责权不同,管理者真心对待每一位员工;尊重他人的劳动成果,谦虚待人,多看他人的优点;每个员工都要有开放的思想,来容纳别人,互相帮助,相互学习,实现共同的成长与发展;在考核激励上,做到公平公正,真正让敬业、努力、成绩突出的员工得到应有的奖励;严于律己,宽以待人,相互尊重,相互宽容。

团队合作:团队合作一旦形成,其力量是无穷尽的,将战胜前行中的各种困难。团队合作要求做到以下几点:积极融入团队,充分发挥优势,配合团队完成工作;重视他人的看法、专长和所提供的信息,积极主动分享知识和经验,主动给予同事必要的帮助;强化协同意识和大局意识,围绕企业发展目标,团结一致,相互支持,相互信任,相互补位;善于利用团队的力量解决问题和困难;不能以牺牲团队其他成员的利益而谋求自身发展;善于和不同类型的同事合作,不将个人喜好带入工作,充分体现"对事不对人"的原则;有主人翁意识,以乐观主义的精神和必胜的信念,积极正面地影响团队,改善团队士气和氛围;遇到问题和困难,大家共同面对、共同分析、集思广益、齐心协力,共同克服困难。

激情敬业:激情敬业是一种精神,是一种气质,是一种境界,也是一种工作和生活态度。只要全体员工以激情敬业的精神,不懈努力,企业一定能发展得更好。激情敬业主要体现在:喜欢自己的工作,认同公司的企业文化;热爱企业,热爱事业,热爱工作,忠于企业；要充分发挥自己的才华，体现更大的价值，作出更大的贡献；以积极乐观的心态面对日常工作，碰到困难和挫折的时候永不放弃，不断自我激励，奋勇向前；以饱满的热情、忘我的精神和强烈的责任心，投入工作中去，顾全大局，不计较个人得失；遵循必要的工作流程，没有因工作失职而造成的重复错误；要有专注精神，持续学习，不断提升自身素质，不断适应新的挑战。

诚信正直：诚信正直是员工工作和行为最重要、最基本的人品，也是企业形成良好企业文化的基本要求。微软、腾讯、谷歌、阿里巴巴、华为等成功的企业在用人时无不强调诚信正直，并将诚信正直作为企业的核心价值观之一。诚信正直具体体现在：诚实守信，表里如一；通过正确的渠道和流程，准确表达自己的观点；表达批评意见的同时能提出相应建议，直言不讳；不传播未经证实的消息，不背后不负责任地议论事和人；遵守法律法规和企业相关规定，不以欺骗的手段蒙骗消费者、谋取私利和损害公司形象；勇于承认错误，敢于承担责任，并及时改正；对损害公司利益的不诚信行为能有效加以制止。

核心价值观要深入人心，不能只停留在口号上，而要将核心价值观与企业发展目标和愿景结合起来，以正确的战略定位为立足点，通过机制体制创新、管理创新、制度流程创新和提高执行力，打造以核心价值观为核心的企业文化，为企业文化注入活力，并持续推进，努力将企业核心价值观深深刻入广大员工的灵魂，并转化为员工的自觉行为。我们坚信，只要全体员工团结一致，以不屈不挠的精神，不懈努力，勇于创新，把全体员工的力量激发出来，传统企业一定能在互联网时代获得更好更快的发展。

实行机制创新

机制创新决定着企业发展进步的活力，影响着企业的创造力和竞争力。要建立健全创新机制，使创新融入企业经营管理全过程中，以促进企业的产品创新、技术创新、模式创新和管理创新。机制创新关键是要做到"干部能上能下"、"员工能进能出"、"收入能增能减"、"多维度的职业发展通道"。

以"干部能上能下"深化人力资源制度改革。企业转型突破要破除传统的干部晋升论资排辈的模式，打破体制壁垒，扫除身份障碍，要择天下英才而用之，对能做事、想做事、真干事、干成事的干部员工要大胆任用，鼓励"小马拉大车"，为有能力、做成事的人提供公平竞争、施展才华的舞台，让人人都有成长成才、脱颖而出的通道；对领导选拔实行市场化的竞聘制度，以德为先，并注重业绩的考核导向。

以"员工能进能出"激发员工危机感、机遇感和使命感。能进能出，首先是严格把控人才引进关，在企业管理层面设置招聘委员会，严格人才引进标准，真正引进和招聘有发展潜力、与企业价值观相吻合的急需的专业人才；其次，本着"按需设岗、竞聘上岗、按岗聘用、合同管理"的原则，积极推进员工分类管理、竞聘制度、轮岗制度等重要举措，充分发挥员工的价值；再次，严格考评制度，实行末位淘汰机制。

以收入"能升能降"建立合理有效的激励制度。关键是要做到

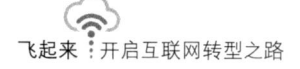

"多劳多得",实行"以价值创造为导向"的绩效工资分配模式,打破"平均主义"的分配原则,全面推行以薪酬管理体系为核心、以岗位职级体系为基础、以绩效考评体系为依托的岗位绩效工资制改革,引入以岗位、绩效、能力、市场、创新等为主要内容的现代企业分配理念,逐步构建符合市场化运营的薪酬制度,尤其对创新板块引入市场化分配机制,强化薪酬与业务发展、产品价值贡献挂钩的奖励机制,激发产品开发团队的工作激情;要通过构建价值贡献科学合理的评价指标体系,以及通过规范的流程和制度,做到奖罚分明、公平公正;要积极推进科技成果转化、员工持股等激励政策,充分激发各类人才的积极性。激励分配要向核心人才、价值贡献突出的人才和创新型人才倾斜,真正激发员工的创新活力。

以建立"多维度的职业发展通道"拓宽员工职业发展空间。无论对于员工,还是对于公司而言,职业发展管理都至关重要。华为采用的是"五级双通道"的职业发展模式,就是将员工的职业发展设计为管理和专业两个基本通道,专业通道再细分为技术、营销、服务与支持、采购、生产、财务、人力资源等,每个通道上又纵向划分出五个职业资格等级。这样,对于每一名员工而言,根据自身特长和意愿,既可以选择管理通道发展,也可以选择与自己业务相关的专业通道发展,从而妥善解决了一般企业中"自古华山一条路"、万众一心奔"仕途"的问题。华为职业发展通道做法值得传统企业学习,要通过建立多维度的职业发展通道为员工发展提供一个良好的平台,最终实现个人和企业共同发展。

积极营造创新环境

创新是企业持续发展的源泉和动力,企业只有营造良好的创新环境,创新才能成为广大员工的自觉行为,创新才能根植于企业之中。

宽容失败。创新是有成本的,有尝试、实验的成本,也有失败的成本。一次成功的创新往往是以多次失败为代价的。但没有什么比害怕失败更抑制创造力。一冒险就受打击,一犯错就受到惩治,最后,谁也不会去创新,谁也不敢去创新,更别谈什么创新成果了。创新往往要经过很多失败,才能取得最后成功。爱迪生为了发明电灯,失败了上千次,才取得了成功。创新需要时间,需要容忍失败。因此,创新需要有包容的制度、文化和环境作保障。作为企业,要对员工的大胆尝试有耐心和容忍度,给员工设计一定的期限和成本投入,帮助创新者获取各类所需资源,如项目失败,要提供关怀、保护和支持。能否宽容失败,体现了一个企业是否具有长远的眼光和包容的心态。一个鼓励创新、宽容失败的企业,才是一个独具魅力、充满活力的企业,才是一个具有强大吸引力和向心力的企业。

要形成激励创新的价值导向。只有风正气顺,才能活跃创新思维,点燃创造热情。只有在开明包容的环境中,有抱负的人才能尽展创新才能。因此,要尊重员工个性品格和创新精神,提供开放包容、有挑战性的工作环境,为员工提供创新方面的指导和资源。鼓励员工开动脑筋,各施所长,挖掘释放员工的智慧和力量,最大限度地调动员工创新的积极性、主动性、创造性。

用制度固化良好的行为。现在都说传统企业缺乏互联网基因，互联网转型不可能取得成功。结果一定是这样的吗？肯定不是。对于传统企业来说，营造良好的创新文化不可能一蹴而就，需要从行为入手，一点一点地去改变。对于企业中出现的好的行为要积极倡导和鼓励，时间长了，就成为全体员工的自觉行为。鼓励好的行为是传统企业实现文化创新的最有效手段，用榜样的力量激励员工就是固化良好行为的一种方法。

要培养员工创新意识，提高员工创新能力。围绕好奇心、个人主观能动性、耐心、毅力、新思路等创新意识培养的关键内容，采取创新课程培训、文化活动、典型带动等形式，将员工对企业创新文化的理解统一起来。在员工的培训体系中，把创新精神的培养列为员工必修的课程内容。从新员工接受入职培训开始，就把创新的意识作为公司文化的核心进行灌输。企业的一把手或高级管理人员可以亲自教授相关内容。

要开展全员创新活动。企业可根据实际，组织开展劳动竞赛、岗位创新、合理化建议、青年创新项目、导师带徒等创新活动，推进创新日常化、岗位化。更加关注一线、关注基层，为各类人才、团队建立成功的职业发展通道，为想干事、能干事、干成事的员工创造人生出彩的机会。企业可通过建设"员工创新平台"及举办创意大赛、创新论坛、创新活动沙龙、成果发布会、员工创新成果评选、员工创新表彰大会等形式，为员工搭建知识共享、经验交流、方法培训、激发创新的平台。成立由技术、业务以及市场的专家组成指导团队，对全员创新活动进行指导，以吸引更多员工进入创新领域。

总之，创新无止境，打造创新文化不可能一蹴而就，它是一项系统工程。只有突出重点、系统推进、常抓不懈，才能不断激发企业的创新活力，才能使企业在激烈的市场竞争中以差异化定位、卓越的运营、创新的活力、满足客户需求的产品而立足市场，实现企业又好又快的发展。

组织模式的变革

传统企业的组织管理模式是科层式的，层级很多，分得很细，权力在上面。这种管控模式最主要的特点是标准化、组织机构越来越庞大。所以，工业时代的富士康有150万人。互联网企业呢？最大的就是京东了，8万多人，已经很"重"了。

互联网崇尚"开放、协作、分享、平等、创新、共赢"的精神，提高企业的效率、效益、灵活性和避免大企业病是现代企业管理追求的目标，传统工业时代的大而全、等级分明的组织模式很难适应"互联网＋"时代。随着互联网思维的不断渗透，消费者对便捷化、个性化与免费化的需求越来越旺盛。这种新的消费习惯也促使企业的经营者必须转变思维模式，对产品的生产、运营管理、市场拓展和组织模式进行重新架构，以应对互联网经济浪潮的冲击。

以往，大公司可以凭借自身优势挤压中小竞争者，但是今天，借助"互联网＋"的力量，小企业赢得了不同以往的竞争环境和灵活优势，大企业反而因为内部管理层级过多、信息传导失灵，对市场反应速度变慢，加速了企业与市场需求的"脱节"。如何保持对技术、趋势的灵敏度以及组织活力，成为众多大企业领导者思考的课题。

从对一些转型比较成功的企业的组织运营模式分析来看，这些企业柔性化特征十分明显，扁平化组织设计、机构精简、流程环节少、决策效率高、机制灵活、人员精干、员工创新动力足，这些都对企业更好地适应市场环境变化发挥了积极作用，提高了企业对市场、对客户需求的快速反应能力和快速决策能力。

互联网能实现组织的网络化、平台化、扁平化、去中心化、在线化和自组织，互联网经济的快速发展为企业建立柔性化组织创造了条件。建立柔性化组织，方向是努力追求小而美、化大为小、组织扁平化、平台化，这是企业适应移动互联网时代的一个重要判断标准。

日本经营之圣稻盛和夫提出的"阿米巴经营"，其本质也是化大为小，就是以各个阿米巴的领导为核心，让其自行制订各自的计划，并依靠全体成员的智慧和努力来完成目标。通过这样一种做法，让第一线的每一位员工都能成为主角，主动参与经营，进而实现"全员参与经营"。英国经济学家舒马赫（E. F. Schumacher）认为小企业更有活力和创造力，而大企业只有"由大变小"，才能克服企业规模变大后所引发的机构僵化、效率低下等种种弊端。在这种理念的指导下，越来越多的大企业尝试着将公司一个个拆小，调整成类似于蜂窝的经营管理和交易机构，激发个体创造力，以适应新的挑战。例如，全球大型信息技术公司之一的惠普公司于2015年11月正式拆分为两家独立的上市公司——惠普公司和惠普企业，开始了从"混合经营"到"细分领域专业化经营"的战略转变。惠普公司将运营PC和打印机业务，惠普企业将负责整合服务器、存储、网络、融合系统、服务和软件等业务，这次拆分帮助惠普更好地聚焦于前景更好的企业级市场，提高惠普在硬件与企业级服务、个人电脑以及打印机三大垂直细分领域的竞争力。

国内企业也纷纷化大为小，以提高组织的灵活性。海尔通过化大为小，成立了2 000多个自主经营体，进行量化分权，充分调动自主经营体和广大员工的积极性，使海尔更具活力和竞争力；国内大型国有企业——四川化工控股集团也进行了战略性分拆，将15年前由川化集团与泸天化集团合并而成的"化工航母"一拆为三。再比如，2012年5月，腾讯调整组织架构，重点发展社交、游戏、网媒、无线、电商和搜索六大业务，重塑小公司"小、快、灵"的创业特质；2013年1月，阿里巴巴实现组织架构的调整，成立了25个事业部，把大公司拆成小公司进行运营，实现由"大"变"小"；小米组织结构更加扁平化，小米只有管理层、部门管理者和员工三个层次，雷军虽然是董事长，但他亲自抓产品、市场和营销以及公司资源的分配。

与此同时，将大公司拆分为若干个各具特色及核心业务的小公司，其主要的指导思想是企业内部市场化，将市场机制引入企业内部，实行分权管理、人本管理，实现"成本最小化、利润最大化"，增强企业竞争能力。内部市场化的标准化定义是，借助外部市场交易的原则，把市场机制引入企业内部，以经济结算关系代替企业内部的分工协作关系或行政隶属关系，形成以经济结算为主、行政命令为辅的管理方法，从而使每一个企业内部单位都转变成独立的经济核算单元。

在过去的几十年里，很多国有企业习惯了合并，打造行业内具

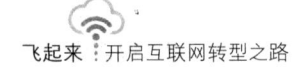

有绝对规模优势的巨无霸企业。现如今,占领垂直细分市场正成为新的发展趋势,精细化、专业化成为新的管理要求。在这种环境下,大型国有企业迫切需要跳出片面追求规模的思维定式,重新整合自己的核心业务,按照垂直细分领域进行拆分经营,才能有效地推进改革,抓住发展机遇。

随着互联网的快速发展,组织模式变革的一个新的趋势,就是"云组织"。传统企业组织模式是一个萝卜一个坑,员工创新活力受到抑制。但在云组织里,员工潜力得到释放,知识能够共享,人力资源能够随需求被调用,利用效率提高至最大。云组织打破了组织的边界、尊重员工的个性、最大限度地激发员工创新活力,这种组织模式正在受到企业界的广泛关注。

总之,组织变革和创新要以适应市场环境变化为根本,以构建柔性的组织模式为目标,通过整合公司业务流程、企业文化、考核激励机制、员工队伍、资源能力来优化组织系统,不断激发组织活力,提高组织效率,增强企业的核心竞争力。

案例:格力电器打造自主创新工程体系

2015年6月初,珠海格力电器股份有限公司召开股东大会,勾勒出格力未来发展革新的路径——着力自主创新,依靠核心技术,走专业化技术和多元化品类发展之路,到2018年实现2 000亿元的营业收入目标。

第十章
实行创新驱动战略

格力之所以有这般底气，靠的是格力走的是一条自主创新之路，这也是格力董事长董明珠的座右铭的核心所在，是格力成长为一家不断以创新技术推动行业发展的领军企业的关键所在。董明珠的座右铭是：一个没有创新的企业是没有灵魂的企业，要想作为一个有灵魂的企业，必须拥有创新的技术。正是把创新精神提升到企业灵魂的高度，格力用23年打造的"自主创新工程体系"帮助格力研发并掌握了大量的核心技术，并不断获得来自国家层面的高度评价和重要荣誉。

在2015年1月9日国家科学技术进步奖颁布的获奖名单中，格力电器凭借"基于掌握核心科技的自主创新工程体系建设"项目荣获国家科学技术进步二等奖。格力"自主创新工程体系"（见图10—2）的核心是以"营造自我超越的创新文化、建立高效集成的研发体系、拥有原创性的核心技术、构建全方位的产品系列"为主要内容，建设企业自主创新工程体系，推动企业实现从"规模驱动业绩增长"到"创新驱动持续发展"战略转变。

格力电器董事长董明珠在接受采访时曾详细介绍说："支撑格力掌握核心科技的背后，是一套完整的充满活力的自主创新的工程体系，具体来说，包括理念体系、活动体系和组织体系。"

在理念体系方面，格力用先进的理念引导发展，提出"让天空更蓝、大地更绿"的创新愿景，建立"弘扬工业精神，追求完美质量，创造舒适环境"的创新使命，明确了"建立强大业务，制造伟大产品，建设美好世界"的创新目标，打出"格力，让世界爱上中国造"的新品牌口号，设立"成就格力百年的世界品牌"的品牌目标，并且有

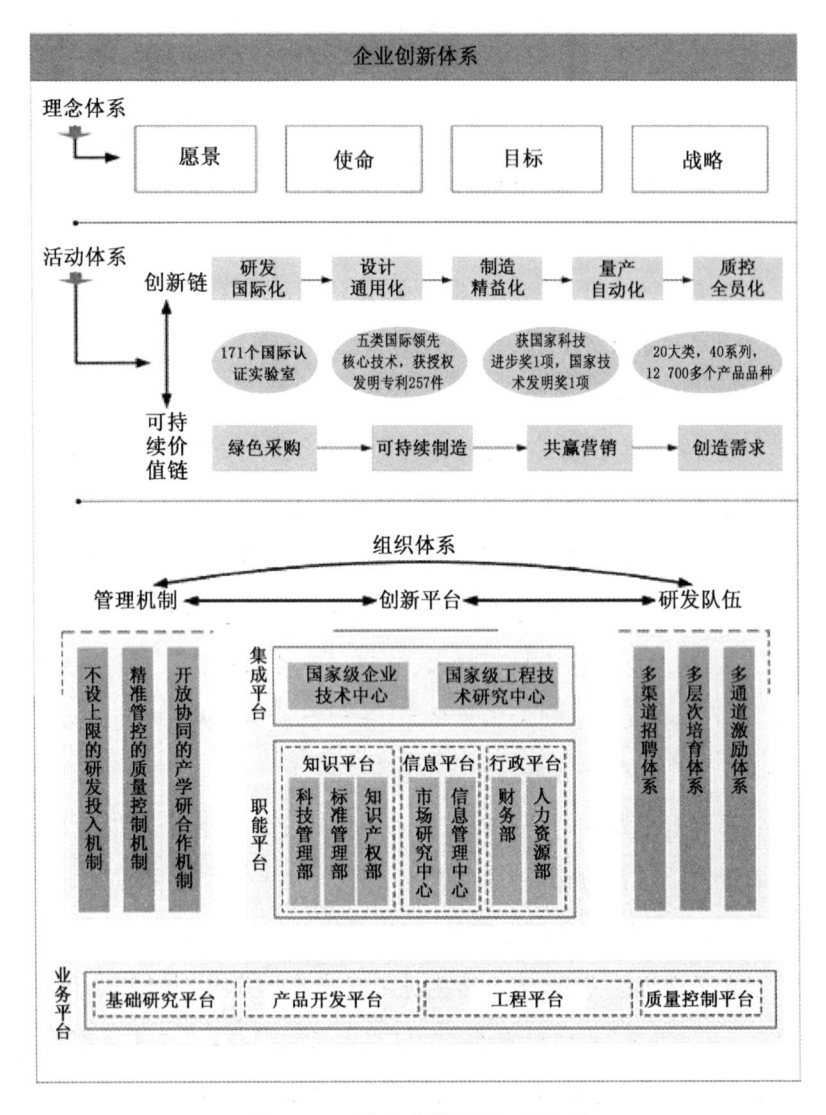

图 10-2 格力电器创新工程体系

一整套的"以掌握核心科技为内核"的创新战略。

在活动体系方面,通过多年的实践,格力构建了以创新链和可持续价值链为载体的科学、高效的活动体系。创新链和可持续价值链的互动,为格力的持续创新提供了有效的支撑。推动格力持续创新靠的是格力坚持自主创新、打造核心竞争力。格力依靠核心技术赢得了市场。目前,格力拥有全球最大的空调研发中心,拥有中国制冷行业唯一的国家节能环保制冷设备工程技术研究中心,拥有7个研究院、52个研究所、632个实验室,在世界空调制造行业中首屈一指。格力曾攻下一个个顶尖技术难关:每台每年可节电440度的1赫兹变频空调、摆脱氟利昂依赖的R290环保冷媒空调、改变北方传统供暖模式的双级变频压缩机、无稀土磁阻变频压缩机……截至2015年12月,格力累计申请专利20 738项,其中申请发明专利6 811项,累计获授权专利11 673项,其中获得授权发明专利893项。格力电器2015年发明专利申请总量位居全国第九,是唯一一家排名进入全国前十的家电企业。

在组织体系上,格力建设了先进的管理机制、高水平的研发队伍、高层次的研发平台;并制定了健全的创新管理体制,包括科技项目管理机制、人才培养机制、研发投入机制和外部协作机制,以及格力的"三公"原则,即公平公正、公开透明、公私分明;等等。这些为格力开展创新活动提供了有力保障。

正是格力建立了支撑企业可持续发展的创新体系,从而使格力在家电行业处于领先地位,空调产销量连续20年位居中国第一、连续10年位居世界第一,占据全球30%的空调市场份额。

2014年格力首度进入《财富》杂志公布的世界500强,居于第385位。2014年格力实现营业收入1 400亿元,同比增长16.63%;净利润达到141.15亿元,同比增长29.84%。

在本书即将完成之时,格力公布了2015年财务业绩,这家全球最大的家用空调制造商,出现了近年来首次营业收入、净利润双双下跌。2015年,格力电器营业收入为977.45亿元,同比下降29.04%;净利润为125.32亿元,同比下降11.46%。格力电器业绩逆势增长的"抗跌"神话不再延续。格力发展面临困境主要是受经济下行、家电市场同质竞争导致家电产品价格下降等因素影响,但只要格力善于抓住我国经济转型升级和"中国制造2025"的机遇,积极拓展智能家居等新兴业务领域,持续推进创新驱动战略,一定会度过短暂的危机,步入更加持续、更加健康的发展轨道。

格力的核心价值观有三句话:一个没有创新的企业,是没有灵魂的企业。一个没有核心技术的企业,是没有脊梁的企业。一个没有精品的企业,是没有未来的企业。

如今,格力正在用"让世界爱上中国造"吹响中国制造转型升级的号角,格力未来发展值得期待。

第十一章

推进企业成功转型的四大要素

转型是企业持续发展的核心。转型包括三方面内容：一是改革。改革本质就是激发组织活力和员工创新动力，使企业更好地适应市场环境的变化。二是创新。创新是加快转变发展方式、破解企业发展深层次问题、增强企业活力的根本措施。坚持创新就是要坚持以技术创新为核心的全面创新，包括技术创新、产品创新、市场创新、商业模式创新和机制体制创新。三是发展。发展就是找准业务定位，寻求新的增长点，实现企业持续增长。

当前，我国传统企业的内外部市场环境发生了深刻变化，面对机遇和严峻的挑战，传统企业只有加快互联网转型才能生存和发展。企业转型如何推进？本章将从企业转型成功方程式入手，揭开企业如何成功转型的神秘面纱。

企业转型成功方程式的四要素模型

为什么诺基亚、摩托罗拉、柯达等昔日巨头走下了神坛？为什么苹果、星巴克、亚马逊、腾讯、阿里巴巴、西南航空等企业屹立不倒？为什么IBM、日本航空等企业能从危难的边缘重新崛起？企业无论是成功还是失败，企业经营发展的本质是相同的，我们在对众多企业成功和失败的案例研究过程中，总结出企业转型的四要素成功方程式（见图11-1）。

企业转型成功方程式＝战略方向×优先事项×用人×运营能力

图11-1　企业转型四要素成功方程式

从图11-1可以看出，任何一个企业要转型变革取得成功，必须要从战略方向、优先事项、用人和运营能力四个方面进行系统推进。公式用的是"×"而不是"＋"，说明企业只有在这四个方面都做好了、做成功了，转型变革才会成功；任一环节出现问题，企业转型都不可能取得成功。

战略方向就是确保企业始终是做正确的事，要求遵循规律，对环境变化有快速反应能力，重视战略经营，找准企业定位、市场定位和客户定位，制定更加清晰的发展目标、愿景和发展路径，明确企业要做什么、不做什么。

企业改革发展事无巨细，必须要明确优先事项。优先事项就是要集中精力保重点、破难点，不能眉毛胡子一把抓；就是确定工作重点，工作要有优先顺序，明确轻重缓急。工作重点不聚焦，或者选择错误的工作重点，往往会使企业偏离战略目标。

用人就是要关心人、用对人、激励人、培养人，将合适的人用在合适的岗位，充分信任，营造公平公正的企业环境，充分调动广大干部员工的积极性和创造性。

运营能力就是坚决贯彻企业的各项战略和要求，并且在实践中不断创新。俗话说：细节决定成败。这里的细节说的就是运营能力。好的战略是非常重要的，但若没有强大的运营能力，这个战略也只是一纸空文、纸上谈兵。正如阿里巴巴公司董事长马云所说，三流的点子加一流的执行力，强于一流的点子加三流的执行力。

对于正在深化互联网转型的企业来说，转型要取得成功就必须以成功方程式为指导，明确目标，聚焦重点，创新求变，高效执行，系统推进，企业才能取得改革和发展双突破。

确保企业始终保持正确的方向

面对企业内外部市场化环境发生的巨大变化，传统企业要更好推进互联网转型，实现企业持续健康的发展，就要始终保持正确的方向。这对企业管理者提出更高、更新的要求。对于企业管理者尤其是一把手来说，一个重要的任务就是确定企业正确的发展方向。

确定方向就是决策，决策需要战略眼光，需要前瞻性、预判性和远见，更需要洞察力。正确的战略方向是企业的指路明灯，既能推

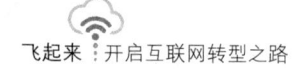

动公司向前发展，又能帮助公司建立持久的竞争优势；正确的战略方向有助于激发员工创新热情，能让员工发现他所从事工作的价值，并能使他们保持高昂的士气和充沛的活力。

面临"互联网＋"时代，对于那些试图以不变应万变、抱守传统老路的企业来说，只有死路一条。在这个问题上，很多曾经十分伟大的企业，最后由于对变化熟视无睹而落败，比如柯达、诺基亚、摩托罗拉、Myspace、铱星、黑莓手机、美国大型零售连锁书店博德斯、人人网……可以预见，未来会有更多的企业走向衰败。

如今，环境在变，市场在变，技术在变，客户需求在变，政策在变，客观要求传统企业能根据市场环境变化快速做出正确的决策。现在很多传统企业面对环境的变化，表现出决策迟缓、优柔寡断、不敢决策。什么都要等调研清楚后再做决策，往往使企业贻误战机，错失发展的最好时机，甚至给企业带来"灭顶之灾"。日本家电业衰败的一大重要原因就是战略决策失误。在本世纪初，夏普等公司把下一代平板电视的发展重点放在了液晶上，但松下却将宝押在等离子上。然而，随着液晶技术的发展，60英寸以上大屏幕面板也应运而生，且具备电力消耗小、使用寿命长等优点，受到消费者的青睐。2011年，松下投资2 100亿日元、开工仅一年半的尼崎等离子工厂被迫停产。柯达曾经创造了全球传统胶卷市场的神话。在辉煌时期，柯达曾占据全球2/3的胶卷市场，拥有员工8.6万人，其特约经营店遍布全球各地。然而，随着数码成像技术的发展与普及，数码产品以迅雷不及掩耳之势席卷全球，传统胶片市场迅速萎缩。而率先发明出数码影像技术的柯达公司，因担心这一新业务会对传统业务造成不利影响而将数码影像技术"雪藏"并坚持固守传统胶片市场。柯达公司不但在摄影行业发展的历史潮流中选错了方向，并且在错误的道路上渐行渐远。柯达公司这种鼠目寸光、故步自封的行径，最终酿造了"破产"这杯苦酒。

我们再看看诺基亚，由于战略摇摆、举棋不定，诺基亚错失了智能手机发展良机。当手机市场中安卓阵营已经占据很大市场份额的时候，诺基亚依然固守塞班系统，紧接着诺基亚为了应对，决定与英特尔开发 Megoo 系统，坚决摒弃谷歌的安卓，然后，又加入微软的手机操作系统。在战略摇摆的过程中，安卓阵营的竞争对手抓住了机会，蚕食诺基亚的市场，而 Windows Phone 的生态却又迟迟落后于其他系统，最后导致诺基亚独木难支，而被微软"抄底"。

因此，面临市场环境的变化，传统企业要能够敏锐地抓住市场机会，能看到别人看不到的东西，要对市场环境变化做出快速应对，做好企业转型的顶层设计，正确决策，快速决策，这决定了企业发展的成败。企业领导者要做好决策，一方面，要提升领导者应对环境变化、做出正确而艰难决策的能力；另一方面，也对企业战略研究部门提出了更高的要求，需要战略研究部门强化战略研究、前瞻性研究，为领导决策提供强有力的支撑。

明确优先事项

明确优先事项是企业实现发展目标的必由之路。它提供了一幅路线图,有效地组织和推进企业转型进程。它能够使企业集中精力和资源,确保要事优先。优先事项就是使我们从各种纷繁复杂的细节中找到根本和关键,就是要集中精力保重点、破难点,要有优先顺序,明确轻重缓急。工作重点不聚焦,或者选择了错误的工作重点,必然事事难以奏效,往往会使企业偏离战略目标。

我们可以从工作的重要程度和时间的紧迫性两方面,建立工作和时间二维矩阵(见图11-2)。从图11-2可以看出,企业转型发展工作可以分成四大类:重要且紧急、重要但不紧急、紧急但不重要、不紧急也不重要。

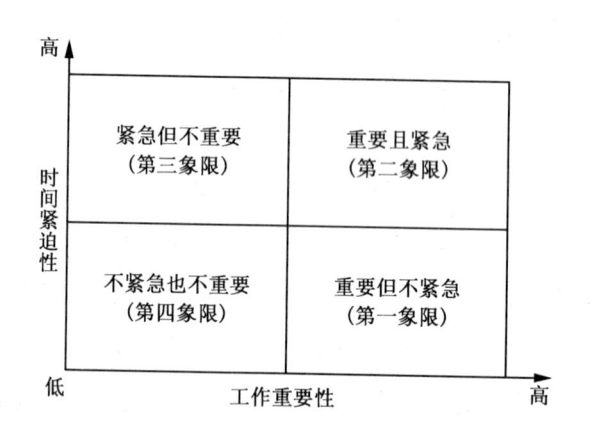

图 11-2 工作重要性/紧迫性二维矩阵

现在很多企业工作都将过多的精力放在第二象限和第三象限上,因为它们都是最迫切需要解决的事情,是要立即去做的。当然这些事情是要立即去做的,但是这样做的结果就是企业没有时间思考重要但不紧急的事,因为做正确的事始终比正确做事更重要,因此,很可能导致企业"忙碌"是在做不正确的事,这必将降低企业运营效率,使企业偏离发展目标。

企业互联网转型能不能取得重大突破,关键在于能不能聚焦重点、能不能明确工作的轻重缓急。如何聚焦工作重点呢?

首先要对企业面临的环境、困难和挑战进行科学的分析和准确的把握,从而确定工作重点。如今,传统企业在互联网转型中存在一些问题:面临的竞争更加激烈,部分企业发展面临困难,产品滞销,将互联网转型简单理解为做电商,客户洞察不够,技术创新不强,对传统路径依赖较大,缺乏互联网DNA,创新能力不足,机制体制不活,干部队伍不适应互联网转型的需要……这些问题都是企业在互联网转型中逐步要解决的,关键要明确轻重缓急,有条不紊地推进。当前我国传统企业互联网转型工作重点应该放在加强党建工作、深化企业改革、实施创新驱动战略等方面,充分利用互联网技术实现企业管理变革、模式变革和组织变革,不断激发组织活力和员工创新动力。企业只有围绕这些重点,认真谋划工作的着眼点、着力点,理清思路,抓住重点,加快突破,才能达到"一子落而满盘活"的效果,才能拥有"不管风吹浪打,胜似闲庭信步"的自信与从容。

聚焦工作重点,核心在于集中力量攻坚克难。尤其是在面临经济下行压力、环境复杂的形势下,企业转型一定要牢牢把握"发展是第一要务"这个主题,在聚焦中解难题,在聚焦中谋突破。要坚持资源向重点工作聚焦,尤其是企业领导应将主要精力用在抓战略方向、转型发展和整合内外部资源以及制约企业发展的突出问题上,一样一样地抓,常抓不懈,抓出成效。企业各级部门要坚决落实企业战略,重在明确工作重点,重在抓落实,重在执行中创新,做到方法得当、事半功倍。

明确优先事项、聚焦工作重点不是一劳永逸的,而要根据市场环境的变化,与时俱进。今天的工作重点可能在明天就不是工作重点,这需要企业管理者对市场趋势、技术发展、客户需求以及企业发展面临的问题有着准确的判断,并基于此做到聚焦的针对性、有效性和预见性。

总之,聚焦重点、明确优先事项成为企业转型发展的主要工作方法,推进企业转型要形成以重点工作的突破带动全局发展的良好局面,将重点工作与企业发展战略目标有效结合起来,充分发挥广大干部员工的聪明才智,振奋精神,奋发有为,企业才能走出一条适应企业转型发展之路。

用好用活人才

当前制约传统企业互联网转型的最大"瓶颈"是什么?答案可能有很多,如模式缺乏创新,缺乏新的增长点,缺乏互联网基因,对客户不了解,经营比较粗放,对移动互联网规律认识不深、不透,机制体制不活,缺乏一支过硬的专业人才队伍,企业文化建设滞后,等等。这些问题的确是制约企业发展的突出问题。追根溯源,导致这些问题的根本原因还是在于"人"的方面。当前,传统企业要深化改革和加快互联网转型,我们认为应从调动人的能动性、用好用活人才着手。这是企业转型发展中的一步"妙棋",做好了,传统企业就会奠定转型胜局。

大家都读过日本经营之圣稻盛和夫的《敬天爱人》这本书吧,这本书道出了企业经营的本质。"敬天爱人"是京瓷的社训,是稻盛和夫先生一生最为信奉的经营哲学。这里的"爱人",其核心思想就是要关心员工成长,关爱员工,最大限度地激发员工活力。稻盛和夫正是用"敬天爱人"的经营哲学将京瓷、KDDI 打造成世界 500 强企业,并让濒临倒闭的日本航空起死回生。因此,对于企业管理者来说,不仅要做好"敬天"的工作,更要在"爱人"上多倾注心血,这样的企业必将战无不胜、势不可挡。

党的十八届三中全会《中共中央关于全面深化改革若干重大问题的决定》指出:"建立集聚人才体制机制,择天下英才而用之。打破体制壁垒,扫除身份障碍,让人人都有成长成才、脱颖而出的通道,让各类人才都有施展才华的广阔天地……深化企业内部管理人员能上能下、员工能进能出、收入能增能减的制度改革。"

《中共中央 国务院关于深化体制机制改革加快实施创新驱动发展战略的若干意见》强调指出:"坚持人才为先。要把人才作为创新的第一资源,更加注重培养、用好、吸引各类人才,促进人才合理流动、优化配置,创新人才培养模式;更加注重强化激励机制,给予科技人员更多的利益回报和精神鼓励;更加注重发挥企业家和技术技能人才队伍创新作用,充分激发全社会的创新活力。"

2016 年 3 月,中央印发《关于深化人才发展体制机制改革的意见》,这必将有力推进人才强国建设。实现"两个一百年"奋斗目标、实现中华民族伟大复兴的中国梦关键在于人才。综合国力竞争说到底是人才竞争。《关于深化人才发展体制机制改革的意见》的出台和实施,要求全社会加快构建具有全球竞争力的人才制度体系,聚天下英才而用之。要着力破除体制机制障碍,向用人主体放权,为人才松绑,让人才创新创造的活力充分迸发,使各方面人才各得其所、尽展其长。要树立强烈的人才意识,做好团结、引领、服务工作,真诚关心人才、爱护人才、激励人才、成就人才。

在2016年5月30日举行的"科技三会"上,习近平总书记强调指出:"要大兴识才爱才敬才用才之风,在创新实践中发现人才、在创新活动中培育人才、在创新事业中凝聚人才,聚天下英才而用之,让更多千里马竞相奔腾。"

引用习近平总书记的重要讲话及国家政策文件中的重要论述,对传统企业创新发展、转型升级具有重要意义。人是生产力最活跃、最革命的因素,也是企业转型发展中最重要的资本。企业转型应切实坚持以人为本、以用为本,充分发挥员工的优势,要积极营造"爱惜人才、关心人才、保护人才、用好人才"的良好氛围,弘扬"诚信正直,团队合作,坚忍不拔,勇于创新,尊重平等,公平公正"的正气,用严格的标准、良好的机制、科学公平的考核、创新的文化激励人、鼓舞人、发展人,打破论资排辈,扫除体制障碍,为想做事、能做事、干成事的广大干部员工提供施展才华的舞台,真正做到选好、用好、用活人才,真正做到干部能上能下、员工能进能出、收入能升能降。孙中山有一句名言:"人能尽其才则百事兴。"我们坚信,企业只有在选人用人方面做好了,真正能使一大批德才兼备的人才脱颖而出,

第十一章
推进企业成功转型的四大要素

企业发展中遇到再大的问题都会迎刃而解,再大的困难都能战胜,再大的障碍都能一跃而过,那企业离成功转型也就不远了。

用好用活人才的一个重要标准就是激发员工创新活力和工作激情。当前,制约我国企业转型发展的一个最大问题就是广大员工缺乏工作的积极性和主动性,创新动力不足。如何激发广大干部员工的创新动力是企业持续发展的根本性问题,也是困扰一些传统企业转型变革的突出问题。现在一种普遍观点认为,造成这一结果的根本原因是国有企业体制不活。当然,国有企业体制性问题是其中一个不可忽视的原因,但如果把一切问题都归责于体制也是不负责任的。因为,也有许多国有企业做得好的,如湖南卫视、上港集团、上海文广集团等。湖南卫视的成功有目共睹,其成功在于引入市场化用人机制、率先在业内推行责权利于一体并以个人命名的独立制片人制度、以"快乐中国"为核心理念的品牌定位、不断推出《快乐大本营》《天天向上》《我是歌手》和《爸爸去哪儿》等的创新产品、广大员工创新精神的激发和成功的商业化运作。

导致员工缺乏活力的一个重要原因就是企业存在不公平的环境。2015年2月5日,中央纪委监察部网站推出《2014年中央巡视组第三轮专项巡视反馈情况专栏》,公布了中国联通、东风汽车等6家单位的巡视反馈情况。在对中国联通的巡视反馈中,有这样一条:"干部带病提拔、选人用人不公。"可以看出,电信运营商存在明显的选人、用人不公平现象。

不公平是员工创新的天敌。一旦不公平感在企业蔓延和有滋生的土壤,将严重腐蚀企业的内生动力,因为不公平感会造成员工消极、抱怨、发牢骚、抵触，工作激情受到扼杀，员工不愿合作，容易制造企业内部矛盾，具有"打击一个人（或好了一个人），影响一大片"负能量的蝴蝶效应，影响企业内部团队精神和创新精神。

目前企业内部不公平感主要体现在以下几个方面：一是按照岗位拿相同的工资和奖金，享受一样的待遇。这是最大的不公平，薪酬没有实现与价值贡献、效率挂钩。二是制度缺乏公平性。制度的公平性比科学性更重要。制度缺乏公平性最突出的表现就是对每位员工并不是一视同仁，制度执行缺乏统一性和公平性，制度面前不是人人平等，不是你勤奋、努力、肯干、诚实、创新就能获得公平机会的。三是企业尚未真正形成尊重员工个性、尊重知识、尊重价值、尊重创造的环境，存在高端人才的闲置现象，造成人才的浪费。四是考核激励、选人用人存在不公，这也是普遍问题。

不公平感对员工创新热情的伤害最大。如果通过深化改革不能很好地解决不公平感的问题，企业要成功转型可以说是难上加难。当然也不是追求绝对的公平，营造相对公平公正的企业环境是衡量企业转型成功的重要标准。海底捞之所以成功，一个重要原因就是塑造了一个公平公正的环境，把勤奋、诚实、善良、肯干的人提拔到领导岗位，让他们用双手改变命运。那如何在企业中营造相对公平公正的环境呢？

第一，企业各级领导带头最为关键。各级领导在政治上要坚持与党中央保持高度一致，要做营造公平公正企业环境的表率，要身先士卒，要起带头示范作用，要狠抓企业不正之风，为营造公平公正的企业环境创造条件。

第二,公开透明是保证公平的前提。完善信息公开、选拔任用干部公开等公开透明制度,要让员工有知情权,做到机会均等,同时要加强监督,确保各项制度在阳光下运行。

第三,形成以价值贡献为核心的考核激励机制是营造公平的企业环境的核心。何谓价值贡献?就是员工在所从事岗位做出积极努力并成效显著。以价值贡献作为衡量标准能体现出最大的公平,真正使勤奋努力、诚实守信、勇于创新、业绩突出的员工有更多的机会。

第四,严格按照制度执行,做到制度面前人人平等、一视同仁,真正做到分配激励的科学性、制度化、统一性。做到制度执行的公平性需要企业各级领导严于律己、以身作则、率先垂范,更需要将制度执行的公平性一以贯之地坚持下去。为保证制度执行的公平性,企业应加强监督,也可以建立员工对不公平的申诉制度,而且要在规定时限内予以解决,这样做的目的就是通过倒逼机制做到制度执行的公平性。

第五,以鼓励好的行为为抓手,通过一个个生动事迹和成功故事逐步在企业中形成公平的企业环境。企业转型变革不可能一下子就能改变"不公平感"的企业环境,这需要一个过程。我们认为,从现在起,企业要严格按照制度要求,通过一个个正能量的生动案例去感染人、鼓舞人、带动人,时间长了,一年两年三年,只要长期坚持下去,企业必将逐步形成相对公平公正的企业环境,到那时,一个蓬勃向上、战无不胜的企业就会水到渠成。

第六,考核激励要做到科学合理、公平公正、公开透明。考核激励做得好不好、公平不公平，直接影响干部员工的积极性和能动性。企业转型发展最终靠的是广大干部员工，如果没有一个科学合理的考核激励制度，一方面难以引进和留住一流人才，另一方面在企业中会造成负面影响，影响广大员工的战斗力和创新力。当前，我国传统企业正处于转型发展的历史关键期，要改革创新，就必须从"人"开始，要真正建立科学合理、公平公正、公开透明的考核激励体系，真正使人才任用、考核激励等走向制度化、规范化、流程化。考核激励要做到公平公正，关键是企业要根据市场环境的变化，不断完善选人用人制度、薪酬分配政策、奖惩制度等，做到制度的科学性、合理性和有效性，并在实践中不断完善和持续改进。

当前，我国传统企业面临的内外部市场环境发生了深刻变化，深化转型是企业适应市场环境变化的根本出路。转型要取得成功，最终要靠广大干部员工。我们相信，只要企业形成相对公平公正的环境，就能最大限度地调动广大干部员工的积极性和创造性，企业转型变革必将走向成功，企业绘就的宏伟蓝图必将早日实现！

提升创新运营能力

同样是做咖啡，为什么星巴克一枝独秀？同样做即时通讯，为什么腾讯微信无人能撼动？同样做电子商务，为什么阿里巴巴、亚马逊无人能比？同样是做手机，为什么华为在最近二三年内手机做成中国第一、全球第三？同样是做搜索，为什么百度独占鳌头？关键在于这些企业有着强大的执行力。

第十一章
推进企业成功转型的四大要素

习近平总书记强调指出："空谈误国,实干兴邦。"说的就是要实现中华民族伟大复兴就必须求真务实,真抓实干,脚踏实地地奋斗,扎扎实实地工作。本质就是要狠抓落实,强化执行。对于正在全面推进互联网转型的我国企业来说,提高执行力是推进企业转型的重要力量。

运营能力是指企业基于内外部市场环境的变化,对人力资源以及各生产要素进行配置的企业各项活动的总和。运营能力关键取决于对市场变化的快速反应能力和全面创新能力。如今,互联网快速发展,"互联网+"突飞猛进,机会不可谓不多,传统企业转型积极进入新的领域,但成功者不多,为什么?有人说是传统行业DNA不适应进入新的业务领域,还有人说传统行业机制体制存在问题,机制不灵活,等等。说得都有道理,但我们认为一个重要原因是企业运营能力不强,缺乏强大的执行力,这已成为制约企业成功转型的"瓶颈"。

举一些例子以说明问题。我们都知道产品研发创新的重要性,学习互联网产品创新模式,重视客户体验,坚持客户导向,切实把握客户核心需求,实现与客户互动,实现产品敏捷开发、快速迭代。但在实践中,传统企业在这方面与互联网公司相比还是有差距的,洞察客户需求缺乏有效的手段、大数据分析和挖掘不够深入、还不能做到根据客户需求反馈和建议进行产品快速迭代等,这些都是运营能力的差距。再比如,我们都知道移动互联网业务发展要取得成功,关键就是要做好战略定位、产品定位和客户定位,坚持开放合作,打造生态系统,进行商业模式创新,建立市场化机制,等等。但在实际运营中,的确是有差距的,主要表现在:产品好像是服务全客户,什么都要做,功能追求大而全,这是战略定位不明确的直接表现;业务发展考核注重短期效益,KPI压得市场和销售人员喘不过气来,业务拓展还没有摆脱对传统路径的依赖;免费是互联网发展趋势,但一些企业在用户规模没有做大的前提下,却偏偏向用户收费,吓走了用户;进入移动互联网等新兴业务市场,理应启用新的品牌,但实践中,只是进行简单的品牌延伸;等等。这些都是运营缺乏创新的表现。

当前,我国部分企业发展的确遇到不少困难,收入增长趋缓,竞争激烈,用户流失,产品滞销。传统企业通常的应对是建立销售队伍,搞各种各样的促销活动,甚至是欺诈消费者,更多地采用降价打压对手,习惯从产品维度进行分析,看报表看排名。但企业在产品创新、模式创新、客户洞察、市场细分投入不足,做得不够。不重视客户深入分析不可能做到营销的有效性和针对性,可能导致营销资源的浪费,这也是传统企业运营不力的表现。

以上这些都是传统企业运营缺乏互联网思维、对互联网规律缺乏深刻认识和运营缺乏创新的直接表现。企业转型发展的宏伟蓝图客观要求企业策马扬鞭,要有使命感、紧迫感、危机感、饥饿感和机遇感,充分认识到提高创新运营能力的重要性。在很大程度上,提升创新运营能力比战略更为重要。因此,传统企业真正要在"互联网+"时代获得更好更快的发展,提升驾驭市场的创新运营能力关系到转型的成败。提高创新运营能力重点应做好以下几方面工作:

一是引入现代管理方法和工具,实现科学管理、高效运营。以博弈论、核心竞争力理论、企业再造理论、7S模型、科斯交易成本理论、价值链理论、平衡计分卡、市场细分理论等现代企业管理理论为指导,重点引入现代管理工具,如生命周期管理工具、战略地图等。通过引入现代管理方法和工具,运用到经营管理中去,实现企业科学管理,不断提高企业驾驭市场经济的能力,促进企业健康运营、高效运营。

二是遵循规律,按规律办事。能否把握互联网迅猛发展的历史机遇,关键就是要遵循客观规律,包括市场经济规律、企业发展规律、互联网发展规律、创新发展规律和社会发展规律。例如:"两家法则"是互联网发展的重要规律,这就需要企业增强发展的危机感和紧迫感;免费模式是互联网发展趋势,这就需要企业探索免费的商业模式,在免费模式做大用户规模的基础上探索增值业务及后向经营、线上线下融合等赢利模式;生产力和生产关系相适应规律,要求企业实现组织模式的变革,重新审视企业组织模式,建立以产品事业群为标志的柔性化的组织运营模式,以适应技术、市场、业务等市场环境的变化。把握规律、按规律办事客观要求传统企业认识规律、利用规律,不能违背规律,要实事求是,按规律办事。

三是坚持问题导向、客户导向、价值导向不动摇。问题导向就是要有针对性地和有先后顺序地解决制约企业持续发展的一些突出的矛盾和问题,尤其是企业经营管理、干部员工队伍建设、企业文化、机制体制等存在的突出矛盾和问题;客户导向就是将以客户为中心的观念落实到企业经营管理全过程,要洞察客户、分析客户、服务客户、留住用户;价值导向就是要坚持适应新形势的企业核心价值观,持续推进企业文化建设,坚持鼓励创新、坚持以人为本、坚持公平和效率的有机统一,以统一的价值导向激发组织活力,实现企业可持续发展。

四是强化数据化运营能力。企业发展、平台建设、互联网转型不断积累大数据资源,提高数据化运营能力是提高创新运营能力的关键。提高数据化运营能力有助于进行产品持续优化和创新,有助于有效开展商业模式策划,有助于挖掘潜在市场机会、发现新的潜在需求,有助于开展精准营销,有助于制定灵活的合作策略。提高数据化运用能力最为关键的就是引进和招聘一批大数据分析研究人才和提高数据挖掘的应用能力。面对大数据时代的来临,无论如何,传统企业要更加重视数据分析、客户分析、产品分析,真正使大数据转变成现实的生产力。

五是不要一味地模仿,努力提高执行创新能力。过度模仿肯定没有出路。企业发展的成败70%靠执行,"不创新就灭亡"在企业界已达成广泛共识。因此,强化执行创新更为重要。执行创新要求企业做到:制定适合企业自身发展的企业发展战略,对企业发展战略要深入理解和贯彻;要结合企业发展实际,寻找有效的解决办法;要大胆任用创新能力强、勇于担当、不畏困难的领导干部;善于分析和总结问题,找到主要问题,对症下药;在没有办法的时候,多了解你的客户,多与你的合作伙伴交流,多学习和借鉴成功企业的做法。

六是创新运营要发挥长板制胜。一只水桶能装多少水,是由这只水桶最短的那块木板决定的。在工业时代,木桶效应是企业发展最有效的理论。长期以来,企业运营发展坚守短板理论,迫切地补齐短板,拉长短腿,缺啥补啥。短板的弥补不但没有大幅提升创新能力,反而使企业有限的资源分散化,导致核心竞争力仍然不强。

在互联网时代,木桶理论失去了效用。如今,企业发展从短板原理变成长板原理,假如把桶倾斜,就会发现装最多的水取决于企业的长板,长板就是企业的优势和核心竞争力。从国内来看,阿里巴巴、腾讯、小米等以创新见长的企业,也不是每块"板"都长。因此,对于企业发展来说,转型发展不是讲弱势是什么,而是要拼优势是什么。往往"长板"能决定创新发展的成败。有了一块"长板",将其优势发挥到极致,最好的发展策略是围绕这块"长板"展开布局,而后通过合作、购买等方式,补齐其他的短板,这也是一种制胜之道。当然,对于企业运营来说,如果在某一关乎企业生存发展的关键领域存在短板的话,则一定要尽快补上。比如,在强化自主创新的今天,提高企业基础技术、核心技术和共性技术的创新能力至关重要,企业不能一味地模仿,模仿而不创新则企业难以长远发展。企业一定要在技术创新上加大投入,引进高层次技术人才,为企业创新提供试错保障机制,努力提升企业自主创新能力。

总之,提升创新运营能力本质上就是注重细节、注重过程、注重科学,正所谓"细节决定成败"、"过程决定结果"、"科学决定未来"。在全面深化企业改革的今天,我们真诚地希望我国传统企业以不断提升创新能力为己任,推动企业战略转型不断走向深入!